왕국의 성립

차례

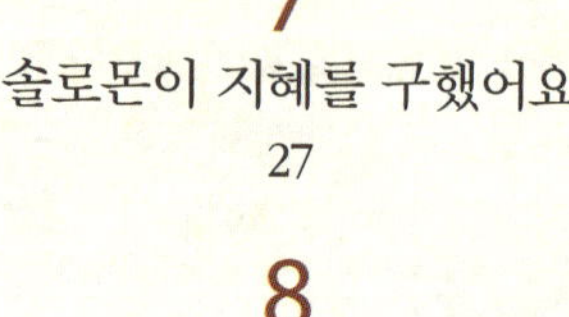

1단원 왕이신 하나님

1
이스라엘이 왕을
달라고 했어요
3

2
하나님이 사울을 버리셨어요
7

3
다윗이 골리앗과 맞섰어요
11

4
다윗과 요나단이
친구가 되었어요
15

5
하나님이 다윗과
언약을 맺으셨어요
19

6
다윗이 하나님께
죄를 지었어요
23

2단원 지혜의 하나님

7
솔로몬이 지혜를 구했어요
27

8
지혜는 하나님께로부터 와요
31

9
솔로몬이 성전을 지었어요
35

10
이스라엘이 둘로 나뉘었어요
39

3단원 주권자이신 하나님

11
솔로몬이 산다는 것에 대해
생각했어요
43

12
욥이 고난을 받았어요
47

13
하나님을 찬양해요
51

메시지 카드 59

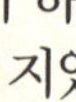

1 이스라엘이 왕을 달라고 했어요

주제 하나님이 사울을 이스라엘의 첫 번째 왕으로 세우셨어요.

사무엘은 이스라엘의 사사였습니다. 그리고 그에게는 요엘과 아비야라는 두 아들이 있었습니다. 하지만 요엘과 아비야는 사무엘처럼 좋은 사사가 아니었습니다.

이스라엘의 장로들이 사무엘을 찾아가 말했습니다. "우리에게 왕을 세워 주셔서 다른 모든 나라처럼 왕이 우리를 다스리게 해주십시오." 이스라엘 백성의 요구에 마음이 상한 사무엘은 하나님께 기도했습니다. 하나님은 "그들이 너를 버린 것이 아니라 나를 버려 내가 그들의 왕인 것을 거부하는 것이다"라고 말씀하셨습니다.

사무엘은 그들이 왕을 달라고 했던 것을 후회하게 될 것이라고 경고했지만, 이스라엘 백성은 귀담아듣지 않았습니다. 그저 "우리는 왕을 원합니다"라고 말할 뿐이었습니다.

한편 기스라는 이름의 한 부자가 잃어버린 암나귀들을 찾고 있었습니다. 기스는 자기 아들 사울에게 종을 데리고 가서 암나귀들을 찾아오라고 말했습니다. 사울은 이곳저곳을 찾아다녔지만 나귀들을 발

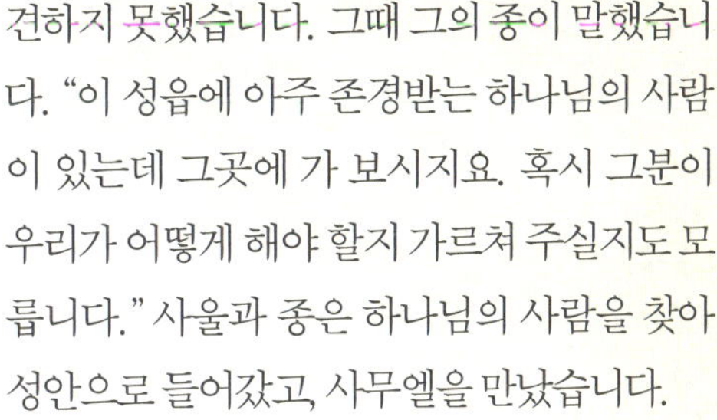

견하지 못했습니다. 그때 그의 종이 말했습니다. "이 성읍에 아주 존경받는 하나님의 사람이 있는데 그곳에 가 보시지요. 혹시 그분이 우리가 어떻게 해야 할지 가르쳐 주실지도 모릅니다." 사울과 종은 하나님의 사람을 찾아 성안으로 들어갔고, 사무엘을 만났습니다.

사무엘은 "잃어버린 나귀들은 걱정하지 마십시오. 이미 다 찾아 놓았습니다"라고 말했습니다. 사무엘은 그들을 저녁 식사에 초대했습니다. 다음 날 그는 사울에게 "여호와께서 당신에게 기름을 부어 지도자로 삼으셨소"라고 말했습니다. 얼마 후, 사무엘은 이스라엘 백성을 불러 여호와 앞에 모았고, 사울을 새 왕으로 뽑았습니다. 사울은 사람들 사이에 섰습니다. 이스라엘 백성은 "우리 왕 만세!"를 외치며 기뻐했습니다.

가스펠 링크

★독생자 : 외아들

하나님은 하늘의 왕이 이스라엘을 다스리게 하시려고 했지만, 이스라엘 백성은 하나님의 계획을 믿지 않았습니다. 그래서 하나님은 사울을 왕으로 세우셨습니다. 하나님은 언젠가 ★독생자 예수님을 보내서 온 세상을 다스리게 할 계획을 갖고 계셨습니다. 예수님은 이 세상에 평화와 구원을 가져다줄 완벽한 왕이십니다.

나귀를 찾아라

사울이 찾지 못한 나귀를 사무엘이 다 찾아 놓았다고 했어요.
그림 속에 숨어 있는 나귀 10마리를 모두 찾아 ○표 해 보세요.

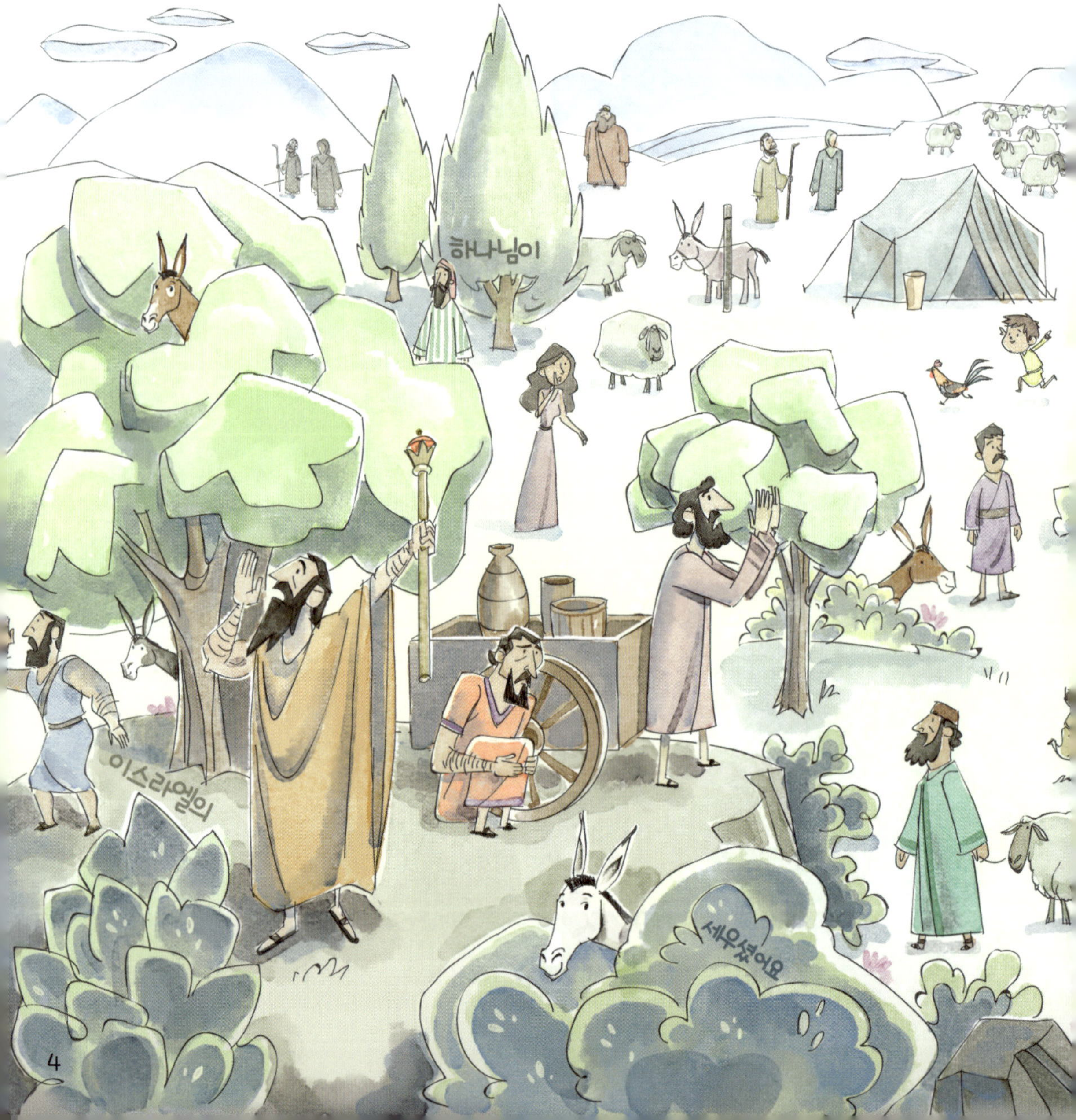

주제를 찾아라!

그림 속에 숨어 있는 글자들을 찾아 오늘 성경 이야기의 주제를 완성해 보세요.
그리고 그림 속에서 사울을 찾아 ○표 해 보세요.
(힌트 : 3쪽에 있는 그림의 인물과 같은 자세를 취하고 있어요.)

나만의 기록장

하나님은 우리의 영원한 왕이신 예수님을 보내 주셨어요. 예수님을 나의 왕으로 믿으며 살아가고 있나요? 내 마음의 왕좌에 예수님이 아닌 것들이 있다면 무엇이 있는지 적어 보세요.

기도

하나님, 이스라엘 백성을 돌보아 주셔서 감사합니다. 그리고 예수님을 이 땅에 보내어 우리를 죄에서 구원해 주셔서 감사합니다. 아주 작은 일부터 큰일까지 우리를 항상 돌보시는 하나님을 믿습니다. 예수님의 이름으로 기도합니다. 아멘.

가족과 함께해요

- 이스라엘 백성은 왜 왕을 달라고 했나요?
- 하나님은 우리를 다스릴 영원한 왕을 보내셨어요. 그 왕이 누구인가요?
- 함께 읽을 말씀 : 삼상 1장, 3장, 7:3~8:22

2 하나님이 사울을 버리셨어요

주제 하나님이 사울의 죄 때문에 그를 왕의 자리에서 쫓아내셨어요.

이스라엘 왕 사울은 군대를 모았습니다. 블레셋 사람들은 이스라엘 백성과 싸우러 나왔습니다. 블레셋 군대는 이스라엘보다 훨씬 수가 많았습니다. 이 사실을 알고 겁을 먹은 이스라엘 군인들은 숨어 버렸습니다. 사울은 하나님께 도움을 구하고 싶었습니다. 제사를 드리면 전쟁에서 이기도록 하나님이 도우실 거라고 생각했지요. 하지만 하나님께 제사를 드리는 것은 오직 제사장만이 할 수 있는 일이었습니다. 사울은 제사장인 사무엘이 기다려도 오지 않자 직접 하나님께 제사를 드렸습니다.

사무엘이 도착하여 "지금 무슨 일을 한 것입니까?" 하고 묻자 사울은 "'이제 블레셋 사람들이 싸우러 내려올 텐데 아직 하나님께 도움도 구하지 못했구나' 하는 생각이 들었습니다"라고 말했습니다. 사무엘은 사울이 하나님의 명령을 어겼다고 말했습니다. "이제 왕의 나라는 오래 가지 않을 것입니다. 하나님은 하나님의 마음에 맞는 사람을 찾아 새 지도자로 삼으실 것입니다." 얼마 후, 하나님은 사울에게 아말렉을 공격하고 사람과 가축들을 하나도 남김없이 모두 죽이라고 명령하셨습니다. 하지만 사울은 하나님의 명령대로 하지 않았습니다. 아말렉 왕 아각을 살려두고, 가축들도 약하고 쓸모없는 것만 죽였습니다. 사무엘은 사울을 찾아갔습니다. 그러자 사울이 "나는 하나님께 순종했습니다. 하나님께 제사를 드리기 위해 가장 좋은 소와 양을 남긴 것입니다"라고 대답했습니다. 사무엘이 말했습니다. "왕이 하나님의 말씀을 거역했기 때문에 하나님이 당신을 버려 왕이 되지 못하게 하셨습니다."

그러자 사울이 "내가 죄를 지었습니다. 내 죄를 용서해 주십시오" 하고 간청했습니다. 하나님은 사울을 이스라엘의 왕으로 삼은 것을 후회하셨습니다.

가스펠 링크

사울은 오직 제사장만이 드릴 수 있는 제사를 직접 드리는 죄를 지었습니다. 하나님은 사울을 왕의 자리에서 쫓아내셨습니다. 하나님은 예수님을 이 세상의 왕으로 보내셨고, 왕이신 예수님은 죄인들이 용서받고 하나님께 나아갈 수 있도록 자신의 생명을 바쳐 완전한 제물이 되셨습니다.

숨은 글자를 쏙쏙 뽑아라

규칙을 찾아보세요. 어떤 문장이 보이나요?
찾은 문장을 아래에 적어 보세요.

하 나 사 님 이 울 사 울 의 을 왕 불 의 자
순 리 에 족 서 쫓 의 아 내 결 셨 어 과 요

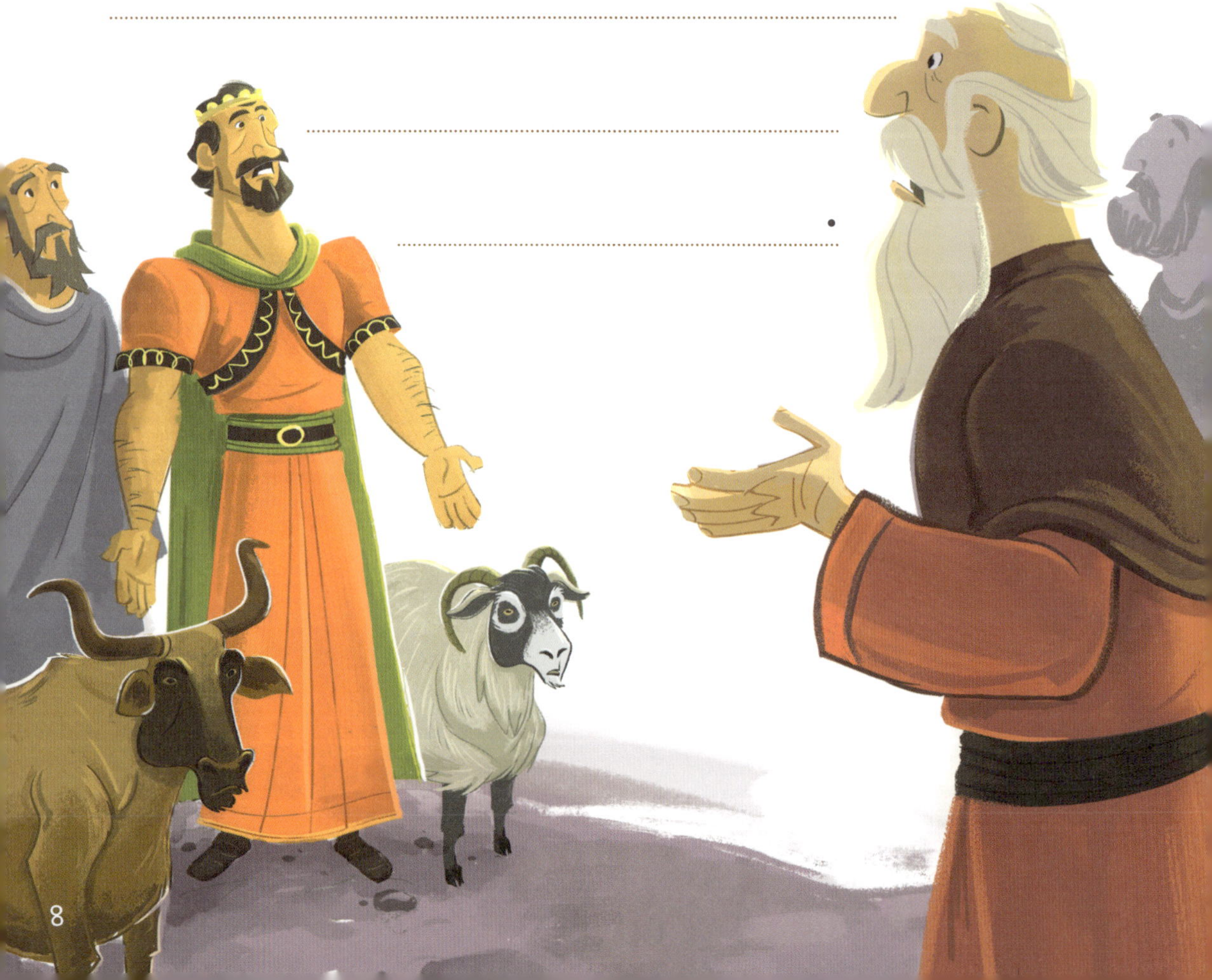

왕을 만나러 가는 길

가위바위보를 하며 한 칸씩 연대표를 따라가 보세요.
하나님은 누구를 이 세상의 왕으로 보내시려는 계획을 갖고 계신가요?
힌트 : 연대표에서 손을 벌리고 서 있는 분을 찾아보세요.

(55쪽의 말을 오려 사용하세요.)

나만의 기록장

하나님의 말씀에 순종하지 않거나 부모님과 선생님처럼 하나님이 여러분을
돌보는 일을 맡긴 사람에게 불순종한 적이 있나요? 그 이유는 무엇이었나요?
그 일을 그림이나 글로 표현해 보세요.

기도

하나님, 하나님을 사랑하면서도 하나님의 말씀에 순종하지 못하는 우리를 예수님을 통해 구
원해 주셔서 감사합니다. 영원한 왕이신 예수님을 찬양합니다. 예수님만 우리의 왕이십니다.
예수님의 이름으로 기도합니다. 아멘.

**가족과
함께해요**

- 사울이 제사를 드릴 때 중요하게 생각한 것은 무엇이었을까요?
- 지금 당장 이루어지길 바라는 일을 하나님이 이루어 주실 때까지 믿고 기다리는 것이
  왜 어려울까요?
- 하나님이 절대로 버리지 않으실 왕은 누구일까요?
- 함께 읽을 말씀 : 삼상 11장, 13장, 16장

3 다윗이 골리앗과 맞섰어요

주제 하나님이 다윗에게 골리앗을 이길 힘을 주셨어요.

하나님은 이스라엘에 새로운 왕을 주기로 계획하셨습니다. 하나님은 사무엘에게 베들레헴에 사는 이새의 아들 중 한 명을 이스라엘의 새 왕으로 선택했다고 하셨습니다.

이새의 첫째 아들은 키가 크고 잘생겼습니다. 그런데 하나님은 "겉모습이나 키를 보지 마라. 사람은 겉모습을 보지만 나는 마음의 중심을 본다"고 말씀하셨습니다. 이새의 아들들이 한 명씩 차례대로 사무엘의 앞을 지나갔지만, 하나님은 그들 중 아무도 뽑지 않으셨습니다. 이새가 말했습니다. "막내 다윗이 지금 양들을 돌보고 있습니다." 이새는 사람을 보내 다윗을 데려왔습니다. 다윗이 들어오자 하나님이 사무엘에게 말씀하셨습니다. "저 아이가 맞다." 사무엘은 하나님이 왕으로 선택하신 사람이라는 표시로 다윗에게 기름을 부었습니다.

그러던 중 이스라엘의 적인 블레셋이 전쟁을 하러 왔습니다. 사울은 군대를 모아 전쟁을 치를 준비를 했습니다. 블레셋에는 골리앗이라는 거대하고 힘이 센 장수가 있었는데, 그가 이스라엘 군인들을 향해 외쳤습니다. "누구든 하나만 골라서 내게 보내라!" 그러나 골리앗과 맞서 싸우려는 이스라엘 사람이 아무도 없었습니다. 다윗은 골리앗이 소리 지르는 모습과 이스라엘 사람들이 벌벌 떨고 있는 모습을 보고서는 자기가 싸우러 가겠다고 나섰습니다. "하나님이 저를 구해 내실 것입니다."

다윗은 근처 시냇가로 가 조약돌 5개를 주워 담았습니다. 다윗이 가진 무기는 조약돌 몇 개와 물매가 전부였지요. 다윗이 외쳤습니다. "너는 칼과 창과 단창으로 내게 나오지만 나는 하나님의 이름으로 네게 나간다. 전쟁은 하나님께 속한 것이다!" 다윗은 골리앗을 향해 달려가며 물매로 돌을 던져 그의 이마를 맞혔습니다. 골리앗이 앞으로 고꾸라지자, 다윗이 골리앗을 죽였습니다.

가스펠 링크

다윗은 체구가 크거나 힘이 센 장수가 아니었지만 하나님을 믿고 의지했습니다. 하나님은 다윗에게 힘을 주셨습니다. 하나님이 예수님을 이 땅에 보내셨을 때, 예수님도 강한 장수처럼 보이지 않았습니다. 하지만 예수님은 십자가에서 죽으시고 부활하셔서 죄인들을 구원할 능력을 보여 주셨습니다.

퀴즈쇼!

성경에서 알맞은 답을 찾아 선으로 이어 보세요.

사무엘은 누구에게 기름 부었나요?
(삼상 16:13)

이스라엘과 싸운 민족은 누구인가요?
(삼상 17:1)

다윗은 무엇으로 골리앗을 죽였나요?
(삼상 17:49)

누가 다윗에게 골리앗을 무찌를 힘을
주셨나요? (삼상 17:45~46)

누가 죄인들을 구원할 능력을 보여 주
셨나요? (딤전 1:15)

다윗

하나님

블레셋

예수님

물맷돌

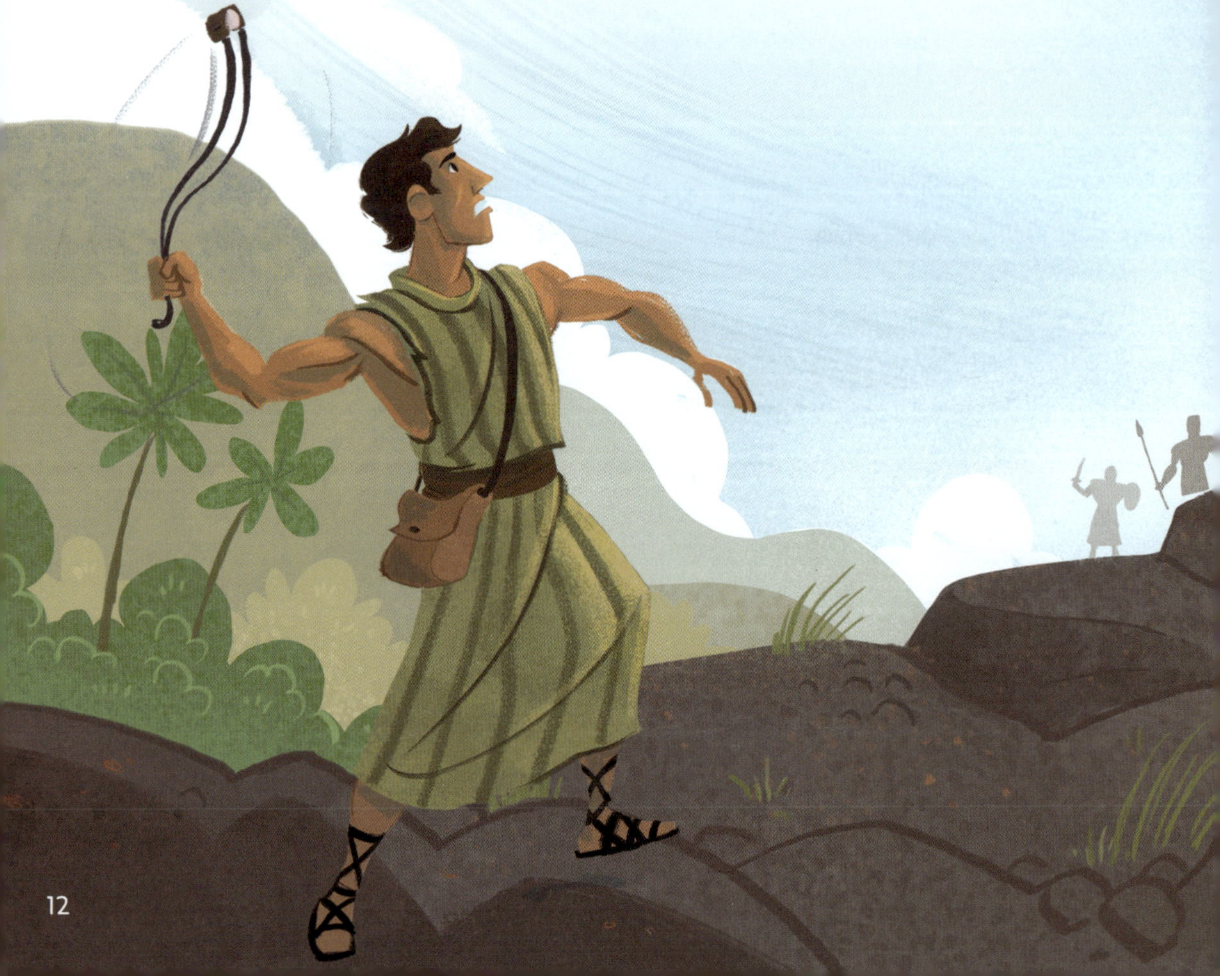

너는 골리앗, 나는 하나님의 아이

거대한 골리앗 옆에 자신의 모습을 그려 보세요.
자신의 키와 자신이 가장 잘하는 것, 사용할 수 있는 무기를 적어 보세요.

골리앗의 키 : 약 300 cm

주특기 : 업신여기기

무기 : 갑옷, 칼, 방패

나의 키 :

나의 특기 :

나의 무기 :

250 cm

200 cm

150 cm

100 cm

50 cm

나만의 기록장

하나님은 하나님을 믿고 의지하는 사람에게 힘과 능력을 주세요. 자신의 힘만으로 할 수 없었던 일을 해내도록 하나님이 도와주신 적이 있나요? 있다면 글로 적어 보세요.

기도

우리의 생각보다 더 큰 뜻을 갖고 계신 하나님을 찬양합니다. 예수님을 통해 우리를 죄에서 구원해 주시는 하나님의 계획을 신뢰합니다. 보이는 것이 아닌 보이지 않는 하나님의 능력과 인도하심을 믿고 하나님께 순종하도록 도와주세요. 우리의 영원한 왕이신 예수님의 이름으로 기도합니다. 아멘.

가족과 함께해요

- 하나님은 왜 다윗처럼 작고 어린 소년을 택해 골리앗과 싸우게 하셨을까요?
- 다윗은 자신이 골리앗을 이길 수 있다는 것을 어떻게 알았을까요?
- 하나님의 백성을 지키기 위해 거대한 적과 싸워 이긴 또 다른 사람을 기억할 수 있나요?
- 함께 읽을 말씀 : 사무엘상 17장, 24장; 시편 59편, 91편

4 다윗과 요나단이 친구가 되었어요

주제 하나님이 요나단을 통해 다윗의 목숨을 구하셨어요.

다윗은 왕의 궁전에서 살게 되었습니다. 사울의 아들 요나단은 다윗과 둘도 없는 친구가 되었습니다. 요나단은 자신의 겉옷과 군복, 칼과 활과 허리띠까지 모두 다윗에게 주었습니다.

사울은 다윗을 질투했습니다. 심지어 그를 죽이고 싶어 했습니다. 요나단이 사울에게 물었습니다. "지금까지 다윗은 아버지에게 도움이 되는 일만 했습니다. 그런데 왜 이유 없이 죄 없는 사람을 죽이려고 하십니까?" 이 말을 들은 사울은 다윗을 죽이지 않기로 약속했습니다. 그러나 사울의 약속은 오래가지 않았습니다. 얼마 후, 다윗이 사울을 위해 하프를 연주했습니다. 그런데 갑자기 사울이 창을 들어 다윗에게 던졌습니다. 재빨리 몸을 피한 다윗은 사울에게서 도망쳤습니다.

다윗은 요나단을 찾아가 사울이 자신을 죽이려 한다고 말했습니다. 요나단은 다윗을 돕고 싶었습니다. 다윗이 요나단에게 한 가지 계획을 말했습니다. *초하루 저녁 식사 자리에서 "다윗이 왜 식사하러 나오지 않느냐?"라고 사울이 요나단에게 물었습니다. 요나단은 "다윗이 베들레헴에 가게 해달라고 간절히 부탁하기에 보내 주었습니다"라고 대답했습니다. 이 말을 들은 사울은 불같이 화를 내며 다윗은 죽어야 한다고 말했습니다.

요나단은 다윗이 숨어 있는 들판으로 나갔습니다. 그는 화살 세 발을 쏘며 하인에게 주워오라고 시켰습니다. 그러고는 "화살이 네 앞에 있지 않으냐?"라고 소리 질렀습니다. 그것은 사울이 다윗을 죽이려고 한다는 것을 알리는 신호였습니다. 다윗이 숨어 있던 곳에서 나왔습니다. 다윗과 요나단은 함께 울며 작별 인사를 했습니다. 두 사람은 언제나 친구일 것을 하나님의 이름으로 약속했던 것을 기억했습니다.

★ 초하루 : 매달 첫째 날

가스펠 링크

다윗과 요나단은 진정한 친구였습니다. 다윗과 요나단의 우정을 통해 우리의 친구가 되신 예수님을 생각하게 됩니다. 예수님은 우리를 친구라고 부르셨습니다 (요 15:15). 그리고 우리를 죄에서 구원하기 위해 죽으심으로 우리를 향한 사랑을 보여 주셨습니다.

백발백중!

요나단은 다윗에게 메시지를 보내기 위해 화살을 쏘았어요.
같은 모양의 화살을 찾아 빈칸을 채워 비밀 메시지를 완성하세요.

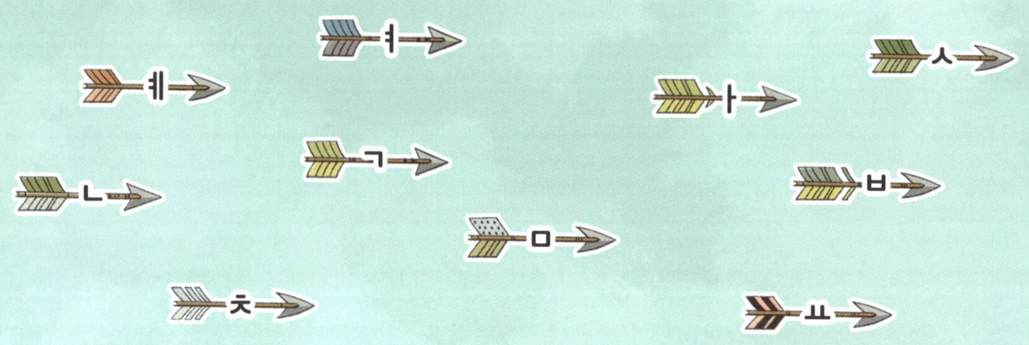

친구와 알콩달콩

친구와 짝 게임을 해 보세요.

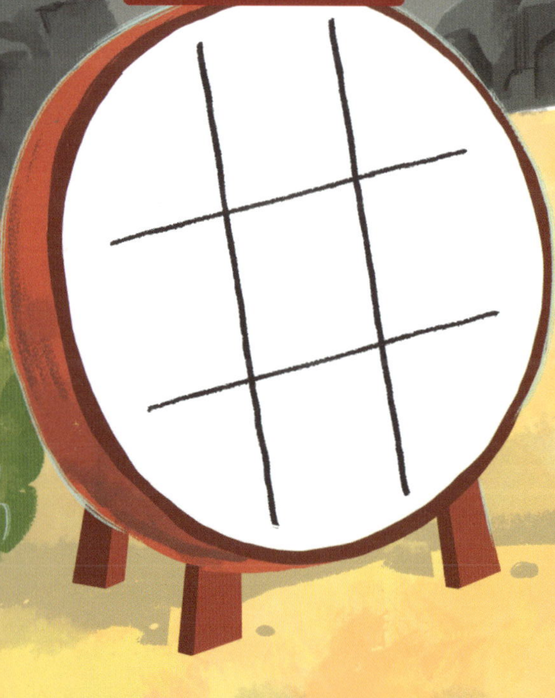

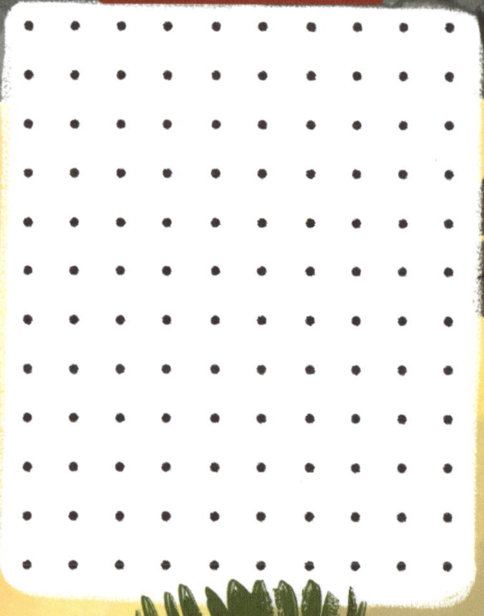

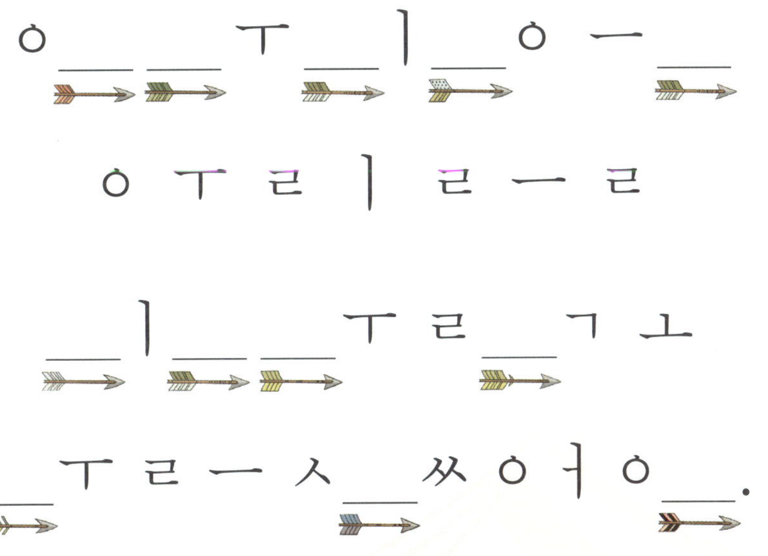

○✕ 빙고

① 가위바위보로 순서와 영역 표시(○, ✕)를 정한다.

② 순서대로 한 번씩 빈칸에 ○, ✕를 채워 먼저 한 줄(가로, 세로, 대각선)을 만든 사람이 이긴다.   예)

사각형 내 땅 만들기

① 가위바위보로 순서를 정하고 순서대로 한 번씩 점과 점을 이어 선을 긋는다.

② 사각형이 완성되면 영역 표시를 하고 많은 영역을 차지한 사람이 이긴다.

예)

나만의 기록장

변함없이 신실하신 최고의 친구, 예수님께 편지를 써 보세요. 친구와 기도 제목을 나누고 친구를 위해 기도해 보세요.

기도

하나님, 예수님을 친구로 보내 주셔서 감사합니다. 이 세상의 왕이신 예수님이 우리의 친구가 되어 주셔서 정말 기뻐요! 우리를 구하기 위해 목숨까지 내어 주신 예수님을 기억하며, 우리도 다른 사람을 사랑하고 섬길 수 있도록 도와주세요. 다른 사람들이 우리의 모습을 통해 하나님의 사랑을 볼 수 있기를 원합니다. 예수님의 이름으로 기도합니다. 아멘.

가족과 함께해요

- 요나단은 다윗의 모든 것이 좋게만 느껴졌을까요? 아니라면 어떤 부분을 받아들이기 힘들었을까요?
- 요나단은 다윗을 돕기 위해 어떤 것들을 포기했나요?
- 우리를 돕기 위해 하나님의 보좌 옆 자리를 버리신 분이 있어요. 누구일까요?
- 함께 읽을 말씀 : 시 7편, 31편, 52편, 140~142편

5 하나님이 다윗과 언약을 맺으셨어요

주제 하나님은 예수님이 다윗의 자손으로 오실 것이라고 약속하셨어요.

하나님의 계획대로 다윗이 이스라엘의 새로운 왕이 되었습니다. 다윗은 하나님을 위해 하나님의 궤를 둘 성전을 짓고 싶었습니다. 그래서 나단에게 자신의 계획을 이야기했습니다.

나단은 "하나님께서 왕과 함께하시니 왕께서 마음에 두신 일이 있다면 무엇이든 그대로 하십시오"라고 말했습니다. 그날 밤 하나님이 나단에게 다윗 왕에게 전할 말씀을 주셨습니다.

"다윗아, 네가 나를 위해 집을 지으려고 하느냐? 내가 누구에게든 왜 내게 *백향목 집을 지어 주지 않느냐고 말한 적이 있느냐? 내가 양 떼를 따라 다니던 너를 목장에서 데려다가 왕으로 삼았다."

하나님은 또 다른 약속을 하셨습니다. "다윗아, 이제 내가 너의 집안을 왕의 집안으로 만들겠다. 네가 죽으면 너의 자손 중에서 왕을 세울 것이다. 그가 나를 위해 집을 지을 것이다. 이스라엘의 왕은 항상 너의 자손 중에서 나올 것이며, 너의 나라는 영원할 것이다." 나단은 다윗에게 이 모든 말씀을 전했습니다.

다윗은 하나님의 궤를 위해 세운 장막에 들어갔습니다. 그리고 하나님 앞에 앉아 기도했습니다. "주 하나님, 저는 주님께서 저를 위해 해주신 어떤 것도 받을 자격이 없는 자입니다. 그런데도 주님은 더 큰 일을 하시겠다고 약속하셨습니다! 주님, 주님은 정말 위대하십니다! 주님과 같은 분은 이 세상에 없습니다! 하나님, 부디 저와 제 자손에게 하신 약속을 이루어 주십시오. 주님은 신실한 분이시므로 약속하신 것을 이루시리라 믿습니다."

★ 백향목 : 성전과 왕궁 등 최고급 건축에 많이 사용되는 소나무과에 속하는 나무

가스펠 링크

하나님은 다윗에게 이스라엘의 모든 왕이 그의 자손 중에서 나올 것이며, 그의 나라가 영원할 것이라고 약속하셨습니다. 하나님은 구원자 예수님을 다윗의 자손으로 보내심으로 약속을 지키셨습니다. 예수님은 하나님의 백성을 영원히 다스리시는 우리의 왕이십니다.

무엇이 맞을까?

하나님은 다윗에게 어떤 말씀을 주셨나요?
괄호 안에 있는 단어 중 맞는 것에 〇표 하세요.
(삼하 7:11~13 참고)

여호와가 또 네게 이르노니 여호와가

너를 위하여 **별장 / 집** 을 짓고

네 **수한 / 기름** 이 차서

네 **조상들 / 친구들** 과 함께 누울 때에

내가 네 몸에서 날 네 **때 / 씨** 를 네 뒤에 세워

그의 **학교 / 나라** 를 견고하게 하리라

그는 내 **이름 / 백성** 을 위하여

집 / 별궁 을 건축할 것이요

나는 그의 나라 왕위를 **영원히 / 50년 동안**

견고하게 하리라.

★ 수한 : 수명

누구를 만나게 될까?

미로를 따라 성경 이야기 속 인물들을 만나 가며
하나님의 약속이 누구에게로 이어지는지 알아보아요.

나만의 기록장

나에게 예수님을 소개해 준 가족이 있다면 예수님에 관해 어떻게 소개 받았는지 적고, 그런 은혜를 주신 하나님께 감사의 마음을 표현해 보세요. 아직 예수님을 모르는 가족이 있다면 어떻게 예수님을 소개할지 적고 그 가족을 위해 기도해 보세요.

기도

하나님, 다윗의 자손으로 예수님을 보내시고 우리를 구원해 주셔서 감사합니다. 세상의 다른 것을 왕처럼 의지하지 않고 영원한 왕이신 예수님을 의지합니다. 그리고 아직 예수님을 알지 못하는 가족에게 예수님의 사랑을 전할 수 있도록 도와주세요. 예수님의 이름으로 기도합니다. 아멘.

가족과 함께해요

- 다윗은 왜 하나님께 성전을 지어 드리고 싶었을까요?
- 하나님은 왜 다윗에게 성전을 짓지 말라고 하셨을까요?
- 하나님이 메시야를 다윗의 자손으로 보내겠다고 약속하셨을 때 다윗은 기분이 어땠을까요?
- 함께 읽을 말씀 : 삼상 25장; 시 18편, 63편

6 다윗이 하나님께 죄를 지었어요

주제 다윗이 죄를 회개하자 하나님이 용서하셨어요.

다윗은 이스라엘의 왕이었습니다. 그러나 다윗은 부하들만 전쟁에 내보내고 자신은 예루살렘 왕궁에 머물렀습니다.

어느 날 저녁, 왕궁 옥상을 거닐던 다윗은 아름다운 한 여인을 보았습니다. 그 여인은 다윗의 군인 중 한 명인 우리아의 아내 밧세바였습니다. 다윗은 신하를 보내 밧세바를 왕궁으로 불렀습니다. 얼마 후, 다윗은 밧세바가 아기를 가졌다는 소식을 들었습니다. 바로 다윗의 아이였습니다. 다윗은 자신의 행동이 잘못되었다는 것을 알았습니다.

다윗은 전쟁터에 있는 우리아를 왕궁으로 불러 전쟁터의 상황에 관해 이것저것 물었습니다. 그러고는 집으로 가서 아내와 시간을 보내라고 말했습니다. 하지만 우리아는 집으로 가지 않고 왕궁 문 앞에서 잠을 잤답니다.

계획이 실패하자 다윗은 군대를 이끄는 요압에게 편지를 써서 우리아를 싸움이 가장 치열한 곳으로 보내 죽게 하라고 했습니다. 우리아는 결국 죽고 말았습니다.

다윗이 저지른 모든 잘못을 아시는 하나님은 다윗의 행동을 기뻐하지 않으셨습니다. 하나님은 선지자 나단을 보내 다윗을 꾸짖으셨습니다. 다윗은 하나님께 죄를 지었다는 것을 깨달았습니다. 자신은 죽어야 할 죄인임을 깨달은 것입니다.

다윗은 하나님께 자신의 죄를 고백하며 "하나님, 내 마음을 깨끗하게 만들어 주십시오"라고 기도했습니다. 하나님은 다윗의 마음이 죄를 뉘우치는 마음으로 바뀌기를 바라셨습니다.

가스펠 링크

하나님이 죄를 지은 다윗을 용서하셨습니다. 하지만 죄에는 언제나 대가가 따릅니다. 하나님은 다윗의 목숨은 살려 주셨지만 그의 아들은 죽게 하셨습니다. 우리도 죄를 뉘우치면 하나님께 용서받을 수 있습니다. 예수님이 십자가에서 죽으심으로 우리의 죗값을 대신 치르셨기 때문입니다. 예수님은 우리와 하나님의 관계를 회복시키기 위해 우리 대신 죽으셨습니다.

다윗의 고백

양의 등에 새겨진 글자를 조합해 두 글자 이상의 단어들을 만들어
빈칸에 적어 보세요. 몇 개까지 만들 수 있나요?
조합한 단어들을 빈칸에 적절히 넣어 주제 문장을 완성해 보세요.

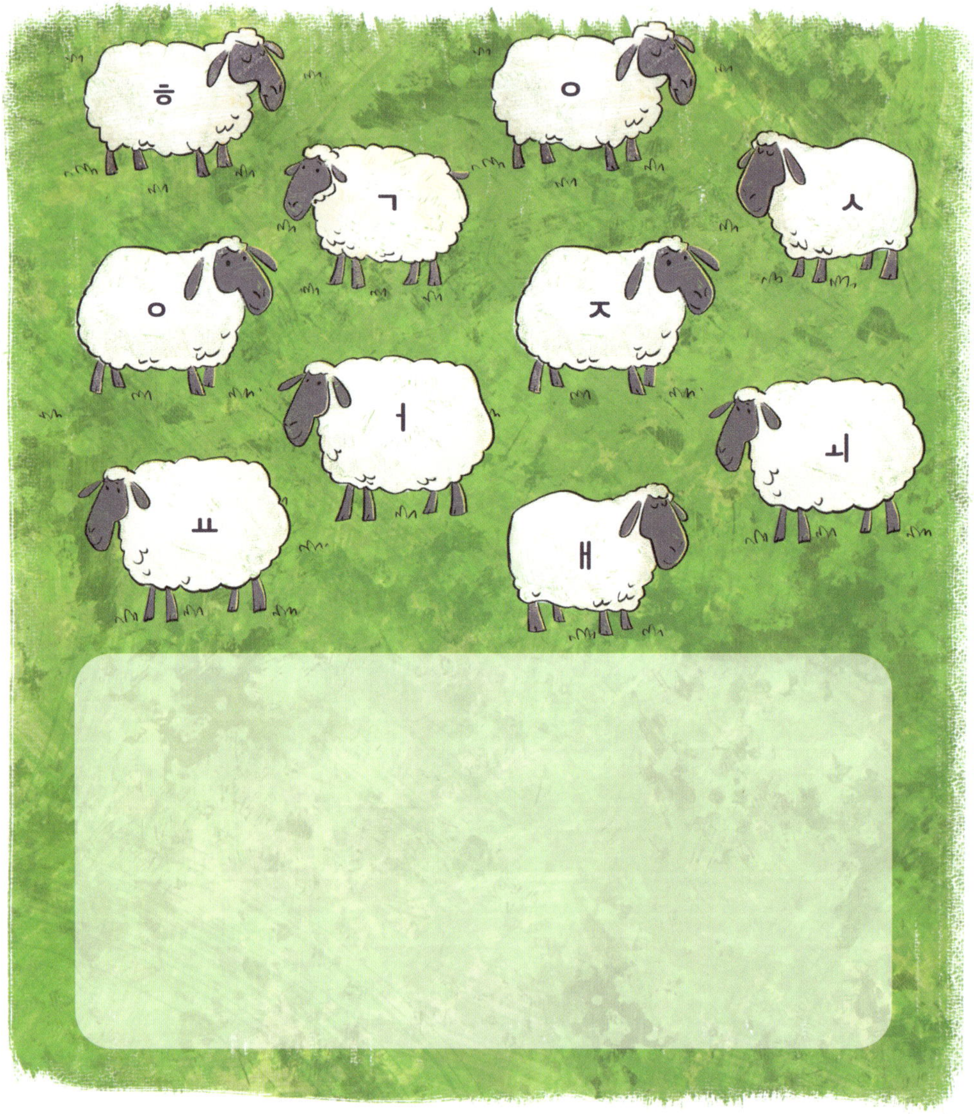

다윗이 __________ 하자

하나님이 __________ 하셨어요.

다윗의 앨범

다윗의 삶에 일어난 사건의 순서대로 동그라미 속에 번호를 쓰고
빈칸에 어떤 사건이었는지 짧게 써 보세요.
다윗에게 가장 중요한 사건은 무엇이었을까요?

나만의 기록장

다윗이 쓴 시편 51편을 읽고 나만의 회개 기도를 시로 적어 보세요. 하나님께 숨김없이 말하면 여러분의 죄를 용서해 주세요.

기도
하나님, 다윗을 통해 죄인을 용서하시는 하나님의 은혜를 알게 되었습니다. 하나님의 은혜에 감사합니다. 무엇보다 죄인인 우리를 위해 예수님을 이 땅에 보내 주셔서 감사합니다. 우리를 위해 십자가 죽음으로 대신 죗값을 치르신 예수님을 기억합니다. 우리에게 깨끗하고 정직한 마음을 주세요. 예수님의 이름으로 기도합니다. 아멘.

가족과 함께해요

- 죄를 지어도 들키지만 않으면 될까요? 왜 그렇게 생각하나요?
- 죄는 왜 우리에게 해로울까요? 또 어떻게 다른 사람들과의 관계를 망칠까요?
- 하나님이 우리 죄를 용서해 주실 것이라고 어떻게 확신할 수 있나요?
- 함께 읽을 말씀 : 삼상 31장; 시 121편, 129~130편

7 솔로몬이 지혜를 구했어요

주제 하나님이 솔로몬에게 하나님의 백성을 이끌 지혜를 주셨어요.

오랫동안 이스라엘의 왕으로 나라를 다스렸던 다윗의 뒤를 이어 솔로몬이 왕이 되었습니다. 다윗은 죽기 전에 솔로몬에게 몇 가지를 당부했습니다.

다윗이 말했습니다. "네 하나님의 명령을 잘 지켜라. 그러면 네가 무엇을 하든지, 어디로 가든지 모든 일이 잘될 것이다. 하나님께서 '이스라엘의 왕위에 오를 사람이 네게서 끊어지지 않으리라!'라고 하신 약속을 이루실 것이다." 다윗이 죽자, 솔로몬이 이스라엘을 다스렸습니다.

어느 날 밤, 하나님이 솔로몬의 꿈에 나타나 말씀하셨습니다. "솔로몬아, 무엇이든지 원하는 것을 말해라. 내가 들어주겠다."

솔로몬은 "하나님, 저에게 지혜를 주시고, 하나님께 순종하게 해주십시오. 옳고 그름을 가려 내는 마음을 주셔서 주의 백성을 잘 다스리게 해주십시오"라고 기도했습니다.

하나님은 솔로몬의 대답을 기뻐하셨습니다. 하나님이 말씀하셨습니다. "네게 지혜롭게 분별하는 마음을 줄 것이다."

그리고 또 말씀하셨습니다. "네가 지혜를 구했으니, 또한 네가 구하지 않은 것, 곧 부와 명예도 네게 주겠다. 그러면 네 평생에 왕들 가운데서 너와 같은 사람이 없을 것이다."

잠에서 깨어난 솔로몬은 하나님이 꿈에서 그에게 말씀하셨다는 것을 깨달았습니다. 솔로몬은 하나님을 찬양하고, 하나님께 제사를 드렸습니다.

가스펠 링크

솔로몬은 하나님의 계획을 따르고자 하는 지혜로운 왕이었습니다. 하나님은 하나님의 백성에게 솔로몬과는 비교할 수 없이 위대하고 지혜로운 왕을 주실 계획을 갖고 계셨습니다. 바로 하나님의 아들 예수님입니다. 예수님은 자기 생명을 맡길 정도로 하나님을 완전히 신뢰하셨습니다. 예수님은 우리를 위해 십자가에서 죽으심으로 자기 생명을 내어 주셨습니다.

이럴 땐 지혜가 필요해!

우리는 종종 어떻게 행동해야 할지 결정하기 어려울 때가 있어요.
다음과 같은 상황에서 어떻게 지혜롭게 행동할 수 있을지 말풍선을 채워 보세요.

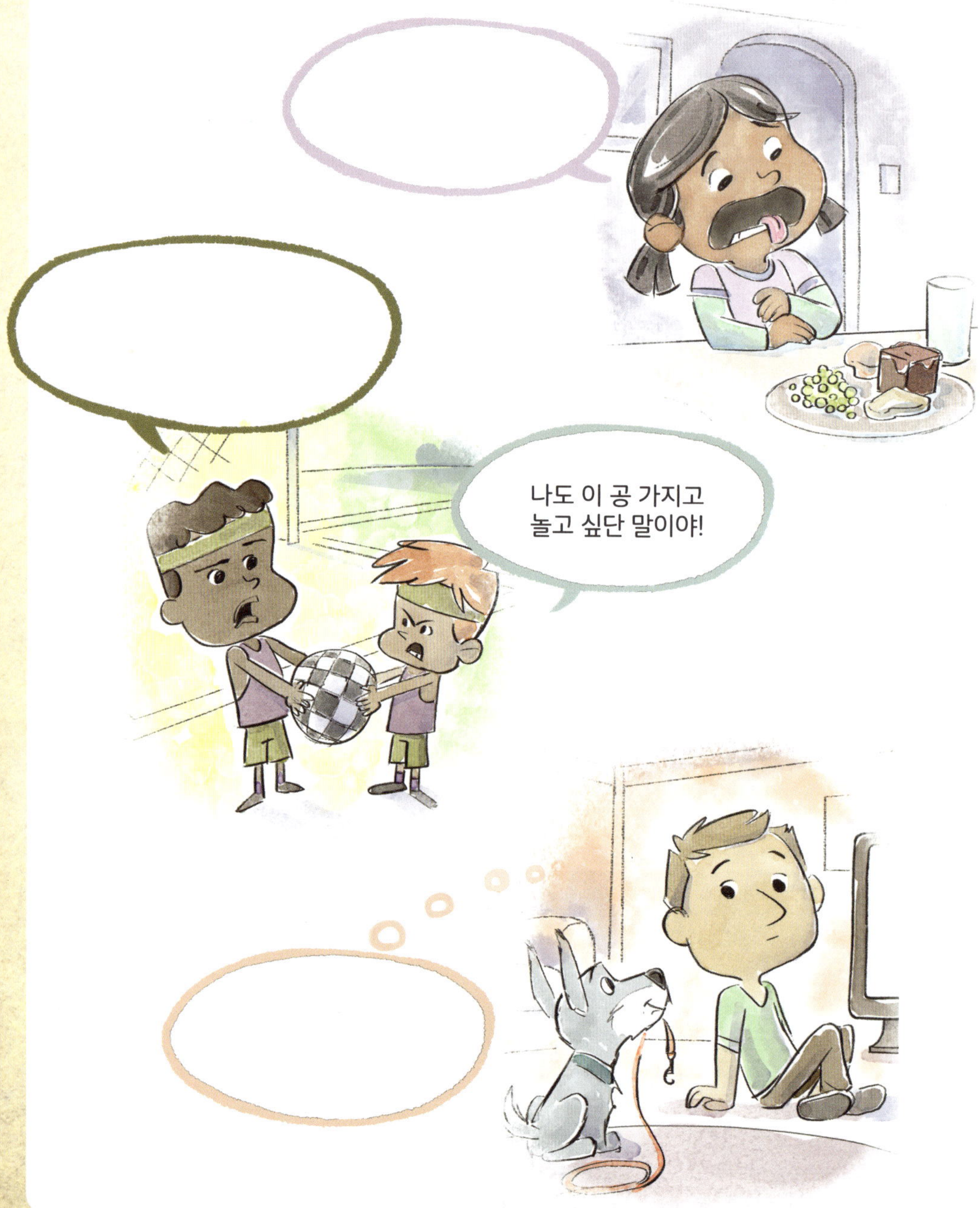

길 따라 말씀 따라

왼쪽에서 오른쪽으로 가면서 알맞은 단어를 골라
질문의 답을 찾아보세요.

누가 누구에게 무엇을 어떻게 했나요?

하나님이	천사들에게	그들의	집을	이끌	생각을	구했어요.
다윗이	솔로몬에게	하나님의	왕국을	달릴	지식을	노력했어요.
사무엘이	친구들에게	그의	양들을	수영할	지혜를	도왔어요.
모세가	적들에게	우리의	백성을	따를	질문을	주셨어요.

나만의 기록장

하나님께 구하고 싶은 것이 있나요? 무엇을 구하고 싶은지, 그 이유는 무엇인지 적어 보세요. 그런 후 하나님께 기도로 구하세요! 하나님은 우리의 기도를 들으시는 분이세요(요일 5:14).

기도

하나님, 솔로몬이 하나님께 지혜를 구했듯이 우리도 지혜가 필요합니다. 하나님의 계획을 완전히 신뢰하고 따르는 지혜를 예수님을 통해 보여 주셔서 감사합니다. 하나님의 계획을 신뢰할 때 하나님은 우리에게 상상하지 못할 만큼 큰 지혜와 사랑을 주신다는 것을 고백합니다. 우리에게 하나님의 계획을 따를 수 있는 지혜를 주세요. 예수님의 이름으로 기도합니다. 아멘.

가족과 함께해요

· 만약 솔로몬이 지혜를 구하지 않았다면 어떻게 되었을까요?
· 솔로몬은 왜 다른 것들을 구하지 않았을까요?
· 우리도 솔로몬처럼 지혜를 구한다면 어떤 일이 일어날까요?
· 함께 읽을 말씀 : 삼하 2장; 시 10편, 14편, 16편

8 지혜는 하나님께로부터 와요

주제 지혜로운 사람은 하나님을 두려워하고 하나님의 말씀에 순종해요.

솔로몬은 하나님께 '지혜'를 구했습니다. 하나님은 솔로몬에게 지혜를 주셨습니다. 솔로몬은 사람들이 지혜로운 삶을 살 수 있도록 교훈을 주는 말들을 많이 했는데, 이것은 성경의 '잠언'이라는 책에 쓰여 있습니다. 그 중 몇 가지를 소개해 보겠습니다.

"이것은 지혜와 교훈을 얻게 하고 슬기로운 말씀을 깨달으며 지혜롭게, 의롭게, 공평하게, 정직하게 행동하도록 교훈을 얻게 하려는 것이다. 여호와를 두려워하며 섬기는 것이 지식의 시작인데 어리석은 사람들은 지혜와 교훈을 가볍게 여긴다."

"사랑과 성실을 저버리지 말고 그것을 네 목에 매고 네 마음 판에 새겨라. 그러면 네가 하나님과 사람 앞에서 사랑과 귀중히 여김을 얻을 것이다."

"네 마음을 다해 여호와를 믿고 네 지식을 의지하지 마라. 네가 하는 모든 일에서 그분을 인정하여라. 그러면 그분이 네 갈 길을 알려 줄 것이다."

"네 재물과 네 수확물의 첫 열매로 여호와를 공경하여라."

"여호와께서는 사랑하시는 사람을 훈계하고 벌 주시되 아버지가 그 기뻐하는 아들에게 하는 것과 같이 하신다."

"악한 사람의 길로 다니지 마라. 그 길을 피하고 지나가지 말며 돌아서거라. 그들은 악한 방법으로 얻은 빵을 먹고 폭력으로 빼앗은 술을 마신다. 그러나 의인의 길은 동틀 무렵 비추는 빛과 같아서 점점 밝아져 환한 대낮같이 되지만 악인의 길은 어둠 같아서 넘어져도 무엇에 걸려 넘어졌는지조차 모른다."

가스펠 링크

지혜는 하나님께로부터 옵니다. 이 세상을 만드신 하나님이 이 세상이 어떻게 운영되어야 하는지를 가장 잘 아십니다. 사람은 누구나 태어날 때부터 어리석은 죄인입니다. 그러나 하나님은 자기 아들을 이 땅에 보내 우리를 구원하셨습니다. 성경은 예수님이 하나님의 지혜라고 말합니다. 예수님은 우리를 지혜롭고 거룩하게 만드십니다. 그리고 우리를 죄에서 해방하십니다(고전 1:24, 30).

누구에게 물어볼까?

아래 질문에 대한 답을 가장 잘 알 것 같은 전문가를 찾아보세요.

 용돈 중의 얼마를 저축하는 것이 좋을까?

 된장찌개에 소금을 넣어도 될까?

 화장실에 콘센트를 설치하려면 어떻게 해야 할까?

 선인장에는 얼마나 자주 물을 주어야 할까?

 가로수에서 떨어진 열매는 주워가도 괜찮을까?

 발목을 삐어 움직일 수 없을 땐 어떻게 해야 할까?

 보너스! 인생에 대해 가장 잘 아는 분은 누구일까요?

변호사

요리사

의사

정원사

전기 기술자

은행원

잠언 바로잡기

아래의 잠언 말씀들이 어딘가 이상해요.
성경을 찾아 하나님의 말씀에 맞게 빈칸에 고쳐 써 보세요.

여호와를 멸시하는 것이 미련한 것이거늘 미련한 자는 지혜와 훈계를
경외하느니라 잠 1:7

너는 마음을 다하여 여호와를 신뢰하고 때때로 네 명철을 의지하라
잠 3:5

모든 지킬 만한 것 중에 더욱 네 마음을 지키라 지혜의 근원이 이에서
남이니라 잠 4:23

너의 생각대로 행동해라 그리하면 네가 경영하는 것이
이루어지리라 잠 16:3

자기의 죄를 숨기는 자는 형통하나 죄를 자복하고
버리는 자는 불쌍히 여김을 받으리라 잠 28:13

보물 상자

나만의 기록장

하나님의 말씀에서 얻은 지혜로 어려움을 이겨낸 경험이 있나요? 그때의 상황을 그림이나 글로 표현해 보세요.

기도

하나님, 우리에게 예수님을 보내 주셔서 우리를 죄와 어리석음에서 건져 주시니 감사합니다. 또한 성경 말씀을 통해 우리에게 지혜로운 길을 가르쳐 주셔서 감사합니다. 지혜의 근원이신 하나님만 의지합니다. 예수님의 이름으로 기도합니다. 아멘.

가족과 함께해요

- 지혜와 지식은 어떻게 다를까요?
- 하나님을 경외한다는 것은 무슨 뜻일까요?
- 여러분은 지혜로운 사람이 하는 말을 잘 신뢰하는 편인가요?
- 함께 읽을 말씀 : 시 43~44편, 49편, 84편

9 솔로몬이 성전을 지었어요

주제 하나님은 하나님의 백성 가운데 거하실 성전을 짓게 하셨어요.

솔로몬은 하나님을 위한 성전을 짓기 시작했습니다. 그는 수만 명의 일꾼이 성전 짓는 일을 돕도록 명령했습니다.

하나님은 솔로몬에게 약속하셨습니다. "만약 네가 내 명령을 지키고 순종하면 내가 너를 통해 네 아버지 다윗에게 준 약속을 이룰 것이다. 또한 내가 이스라엘 자손들 가운데 살 것이고 내 백성 이스라엘을 버리지 않을 것이다."

성전이 완성되기까지 7년이 걸렸습니다. 이제 시온 산에 있던 언약궤를 예루살렘의 성전으로 가져올 때가 되었습니다. 제사장들이 언약궤와 회막과 그 안에 있는 거룩한 물건들을 옮겼고, 솔로몬과 그곳에 모인 사람들은 하나님께 양과 소를 제물로 드렸습니다.

제사장들은 언약궤를 성전 가장 안쪽에 있는 지성소에 두었습니다. 그들이 성소에서 나오자 구름이 성전을 가득 채웠습니다. 하나님의 영광이 성전에 기득했습니다.

솔로몬이 이스라엘 백성에게 말했습니다. "하나님께서는 그분의 입으로 내 아버지 다윗에게 '네 아들이 성전을 건축할 것이다'라고 약속하신 것을 이루셨다."

솔로몬은 하늘을 향해 팔을 들고 기도했습니다. "이스라엘의 하나님, 하늘 위에도 땅 밑에도 주와 같은 신은 없습니다." 기도를 마친 솔로몬은 사람들에게 하나님을 사랑하고 하나님께 순종하라고 당부했습니다.

솔로몬과 이스라엘 백성은 하나님께 제사를 드렸습니다. 사람들은 하나님이 그들에게 하신 모든 선한 일에 기뻐하고 즐거워하며 집으로 돌아갔습니다.

가스펠 링크

하나님은 거룩하시기 때문에 오직 제사장들만이 특별한 절차를 거쳐 그분 앞에 나아갈 수 있었습니다. 평범한 사람들은 절대로 거룩하신 하나님 앞에 직접 나아갈 수 없었습니다. 그러나 예수님이 이 모든 것을 바꾸셨습니다. 예수님은 십자가에서 죽으심으로 우리의 죄를 다 없애 주셨습니다. 이제 예수님을 믿고 의지하기만 하면 누구나 하나님께 스스럼없이 나아갈 수 있게 되었습니다.

솔로몬 성전 퀴즈

아래 질문에 대한 정답을 성경에서 찾아보세요.

1. 이스라엘 백성이 이집트를 떠난 지 몇 년 뒤에 솔로몬이 성전을 지었나요? (왕상 6:1)

   A 48년 **B** 480년 **C** 4,800년

2. 성전은 얼마나 높았나요? (왕상 6:2)

   A 30규빗(약 13.9 m) **B** 60규빗(약 27.9 m) **C** 20규빗(약 9.3 m)

3. 성전이 세워진 곳은 어디였나요? (왕상 8:1)

   A 예루살렘 **B** 여리고 **C** 베들레헴

4. 무엇이 성전을 가득 채웠나요? (왕상 8:11)

   A 물 **B** 불 **C** 하나님의 영광

5. 성전이 완공되었을 때 백성의 마음은 어땠을까요? (왕상 8:66)

   A 기뻤다 **B** 두려웠다 **C** 혼란스러웠다

상상해 보세요! 솔로몬이 지은 성전은 현재 어떤 모습일까요?

성전을 건축하라!

번호 순서대로 점을 연결하여 솔로몬이 지은 성전을 완성해 보세요.

나만의 기록장

하나님은 언제나 우리와 함께하세요. 하나님이 함께하신다는 것을 알게 된 기분이 어떤지 글로 표현해 보세요.

기도

하나님의 영광이 성전에 가득했다니 상상만 해도 너무 좋아요. 하지만 하나님은 성전에만 계시지 않는다는 것을 알아요. 하나님은 시간이나 장소의 제약을 받지 않는 위대한 분이시니까요! 우리와 함께하시는 하나님, 예수님을 통해 우리 모두가 직접 하나님께 다가가게 해주셔서 감사합니다. 예수님의 이름으로 기도합니다. 아멘.

가족과 함께해요

- 성전과 교회 건물은 어떻게 다를까요?
- 하나님은 지금 어디에 계실까요?
- 이제 우리는 제사장이나 성전이 없어도 하나님께 직접 나아갈 수 있어요. 왜 그런가요?
- 함께 읽을 말씀 : 대상 3장, 6장; 시 39편

 10 이스라엘이 둘로 나뉘었어요

주제 하나님이 솔로몬의 죄 때문에 이스라엘을 두 나라로 나누셨어요.

솔로몬은 하나님을 사랑했지만, 그의 마음을 하나님께 온전히 드리지는 않았습니다. 솔로몬의 아내들은 그의 마음이 하나님에게서 멀어지게 만들었습니다. 솔로몬은 아내들이 섬기는 가짜 신들을 섬기기 시작했습니다.

하나님은 그런 솔로몬에게 진노하셨습니다. 하나님은 "네가 내 언약과 내 규례를 지키지 않았으므로 내가 이 나라를 반드시 네게서 빼앗을 것이다. 그러나 네 시대에는 그렇게 하지 않고 네 아들이 왕이 되면 빼앗아 찢을 것이다. 하지만 네 아들에게 한 지파를 줄 것이다"라고 말씀하셨습니다. 이스라엘 땅의 대부분을 다스릴 왕으로 하나님은 솔로몬의 신하인 여로보암을 선택하셨습니다.

솔로몬의 아들 르호보암이 왕이 되자, 백성이 그를 찾아와 말했습니다. "왕의 아버지는 우리에게 무거운 멍에를 지우고 혹독한 노동을 시켰습니다. 이 무거운 멍에를 가볍게 해 주시면 저희가 왕을 섬기겠습니다." 르호보암은 이렇게 말했습니다. "내 아버지께서 너희에게 무거운 멍에를 지우셨다고 했느냐? 나는 그 멍에를 더 무겁게 할 것이다."

하나님의 백성은 더 이상 르호보암을 왕으로 섬기고 싶지 않았습니다. 그래서 여로보암을 자신들의 왕으로 삼았습니다. 오직 한 지파만 르호보암의 편에 남았는데, 바로 남쪽에 있는 유다 지파였습니다. 결국 이스라엘은 북 이스라엘과 남 유다로 나뉘었습니다.

이제 여로보암이 북 이스라엘을 다스리게 되었습니다. 여로보암은 금송아지 2개를 만들었습니다. 그러고는 북 이스라엘의 백성에게 말했습니다. "예배드리러 예루살렘에 올라가는 것은 힘든 일이다. 이스라엘아, 여기 너희를 이집트에서 이끌어 낸 너희 신들이 있다." 여로보암의 행동은 죄였습니다. 하나님의 백성을 이집트에서 데리고 나온 신은 금송아지들이 아니었습니다. 백성을 인도하신 분은 하나님이셨습니다. 여로보암은 이스라엘 백성을 가짜 신을 섬기는 길로 인도했습니다.

가스펠 링크

하나님의 백성을 완벽하게 바른길로 이끈 왕은 없었습니다. 솔로몬의 죄 때문에 이스라엘은 두 나라로 나뉘었습니다. 하나님의 백성에게는 완전한 왕이 필요했습니다. 하나님은 아들이신 예수님을 다윗의 자손으로 보내 하나님의 백성을 위한 완전하고 영원한 왕으로 세울 계획을 갖고 계셨습니다. 예수님은 하나님의 백성을 불러 모아 다시 하나님께로 인도하십니다.

진짜 왕은 누구?

10과 주제 문장의 어절을 찾아 검게 지워 보세요.
솔로몬보다, 다윗보다 더 좋은 왕은 누구인가요? 아래 빈칸에 적어 보세요.

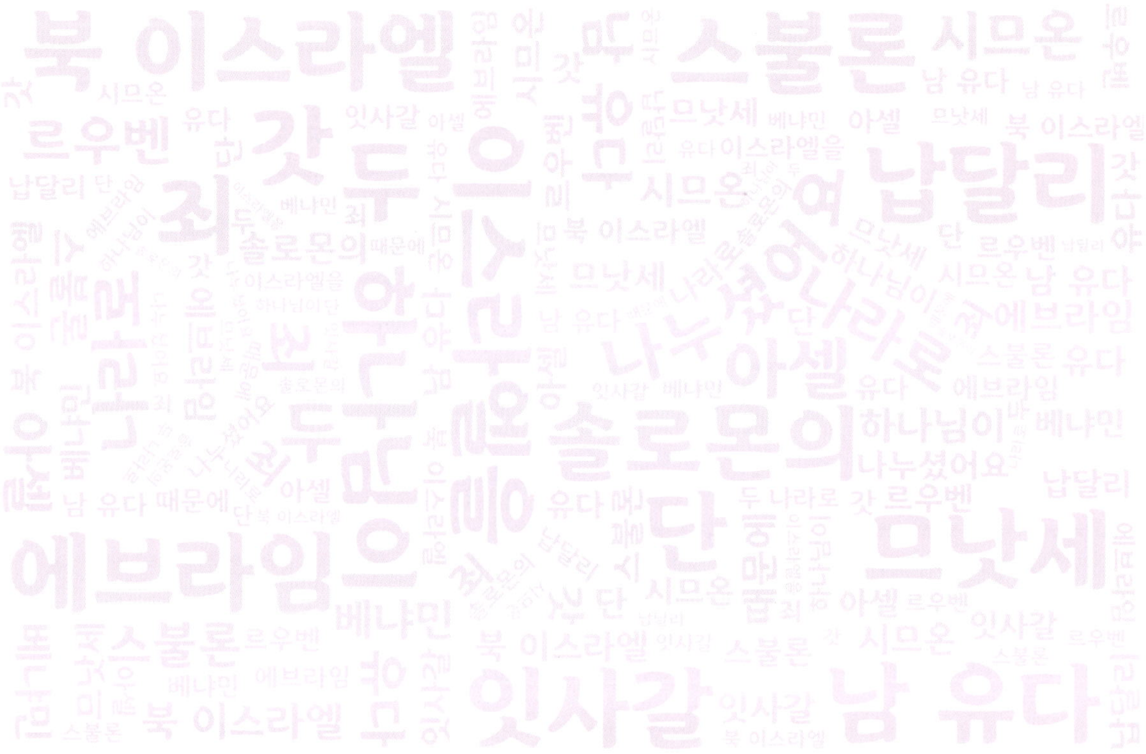

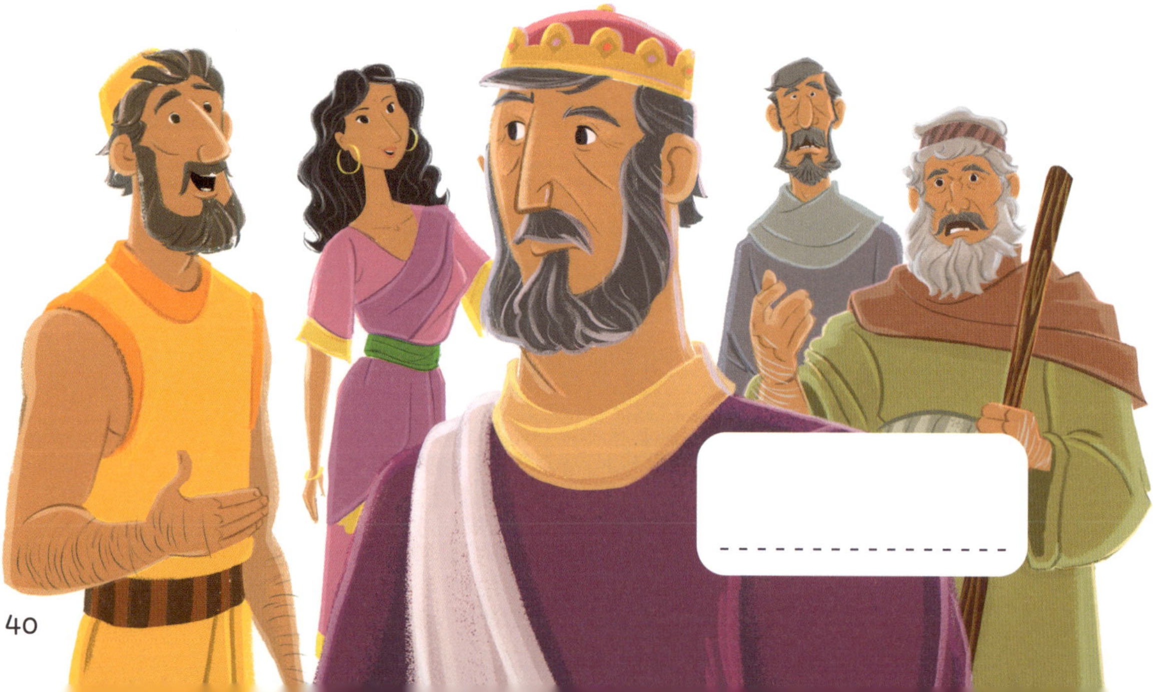

북 이스라엘과 남 유다 땅은 어디?

솔로몬이 죽은 후 이스라엘은 둘로 나뉘었어요.
북 이스라엘(여로보암)은 빨간색으로,
남 유다(르호보암)는 노란색으로 색칠해 보세요.
예루살렘에 ★표 하고, 푯말에 나라 이름을 써 보세요.

나만의 기록장

죄를 지은 적이 있나요? 그 결과는 어땠나요? 나의 죄가 여러 관계(가족, 친구)에 영향을 미쳤나요? 우리의 죄를 용서하시고 죄로 인해 깨어진 관계를 회복시켜 달라고 하나님께 드리는 기도를 글로 적어 보세요.

기도

하나님, 솔로몬의 죄 때문에 이스라엘을 두 나라로 나누셨지만 다윗의 나라가 영원히 계속되게 하겠다는 약속을 이루어 가시는 하나님의 신실하심을 찬양합니다. 언젠가 하나님의 나라에서 하나님과 함께 있을 그날을 기대합니다. 예수님의 이름으로 기도합니다. 아멘.

가족과 함께해요

- 우리가 하나님을 반쯤만 믿고 의지한다면 어떻게 될까요?
- 솔로몬이 더 이상 하나님께 순종하지 않았을 때, 솔로몬을 향한 하나님의 사랑에 어떤 변화가 있었나요?
- 다윗과 솔로몬 모두 큰 잘못을 저질렀어요. 여러분이 아는 지도자 중에 죄를 짓지 않은 사람이 있나요?
- 함께 읽을 말씀 : 시 88편, 92편; 대상 7장

11 솔로몬이 산다는 것에 대해 생각했어요

주제 살아가는 목적은 하나님 안에서만 찾을 수 있어요.

솔로몬은 이스라엘의 왕이었습니다. 하나님은 솔로몬에게 지혜를 주셨고, 솔로몬은 그의 지혜를 사람들과 나누었습니다.

솔로몬은 산다는 것에 대한 생각을 글로 적어 놓았는데 그것이 바로 '전도서'입니다. 솔로몬은 인생에 대해 이렇게 썼습니다.

"전도자가 말합니다. 허무하다. 허무하다. 정말 허무하다. 모든 것이 허무하다. 사람이 해 아래에서 열심히 일해서 얻는 것이 무슨 소용이 있는가? 한 세대가 가고 다른 세대가 오지만 이 땅은 영원히 남아 있다."

"해는 늘 떴다가 지고는 다시 그 떴던 곳으로 급히 돌아간다. 바람은 남쪽으로 불다가 다시 북쪽으로 돌이키며 이리저리 돌다가 다시 그 불던 대로 돌아가고, 모든 강물이 바다로 흘러가지만 바다는 가득 차는 법이 없고 강물은 흘러나왔던 그곳으로 다시 돌아간다."

"모든 것에 피곤함이 가득 차 있어 사람의 말로는 다할 수 없고 눈은 아무리 보아도 만족스럽지 못하고 귀는 아무리 들어도 채워지지 않는구나."

"예전 것이나 지금 것이 똑같고 예전 일이나 지금 일이 다 똑같으니 해 아래 새로운 것이 없구나. 그러니 '보라, 새 것이로다!'라고 할 만한 것이 있겠는가? 그것은 이미 오래전부터 우리 시대 이전에도 있었던 것이다."

"아무도 이전 세대의 일은 기억하지 못하고 이제 올 일도 한번 지나가면 그 이후에는 기억에서 사라지게 마련이다."

솔로몬은 이 모든 것을 생각한 후 이렇게 결론을 내렸습니다. "하나님을 두려워하고 그분의 계명을 지켜라. 이것이 사람의 본분이다. 하나님은 선악 간에 모든 행위를 그 숨은 일까지도 낱낱이 심판하신다."

이것이 바로 우리가 사는 이유입니다.

가스펠 링크

하나님을 떠나서는 인생을 설명할 방법이 없습니다. 하나님은 창조하신 모든 것에 목적을 주셨습니다. 예수님만이 우리가 하나님의 뜻대로 살게 해주십니다. 예수님은 우리가 하나님을 위해 살고, 풍성하고 의미 있는 삶을 살게 하시려고 이 땅에 오셨습니다(요 10:10).

무엇에 쓰는 물건인고?

이 물건들은 어떤 목적으로 만들었을까요?
어떻게 사용하는 물건인지 서로 짝이 되는 것들을 연결해 보세요.

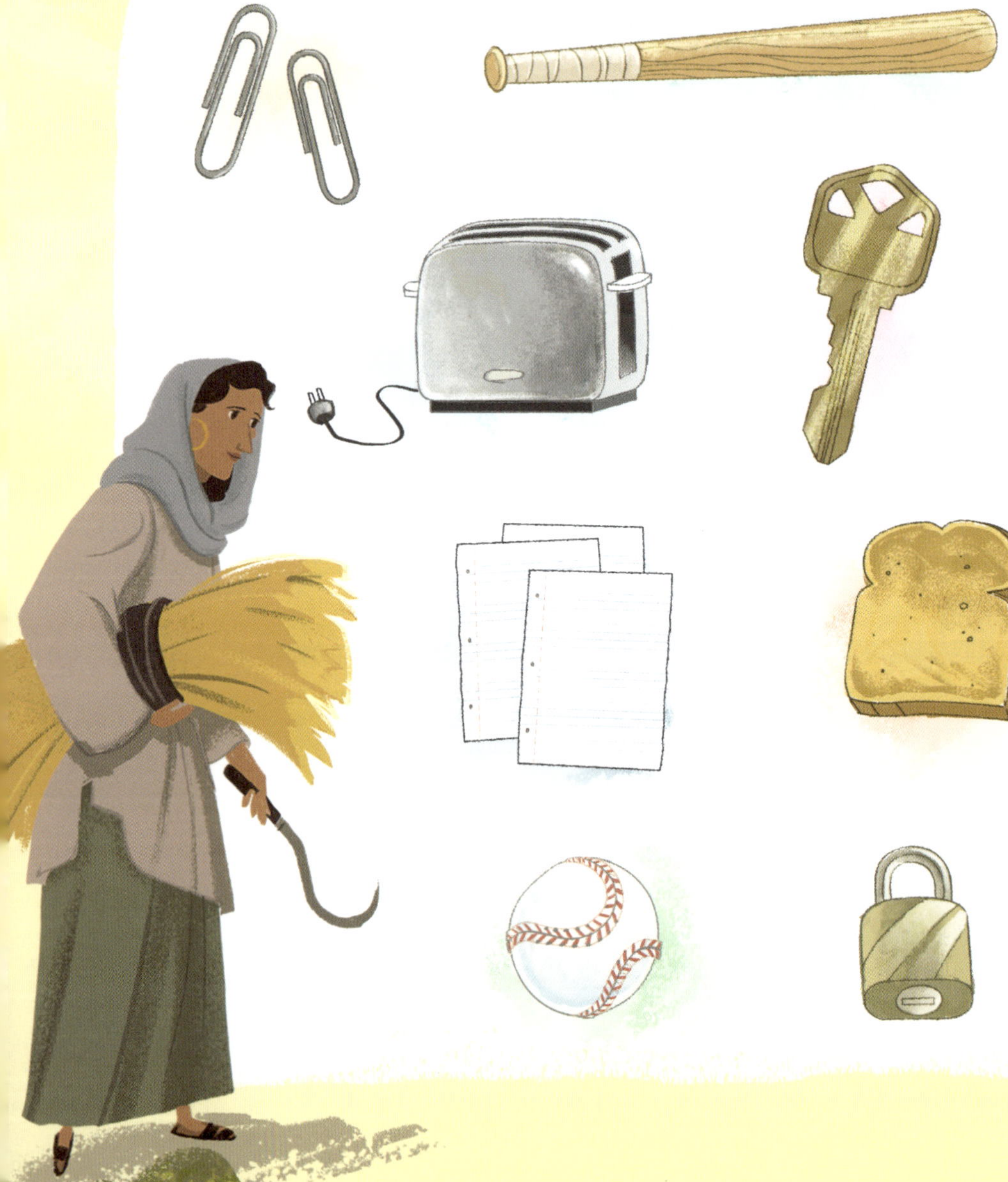

생각이 많아지는 십자 퍼즐

힌트를 이용해 빈칸에 알맞은 자음, 모음을 채워 넣으세요.
답을 모르면 11과 이야기 성경을 읽어 보세요!

세로 힌트

1 살아가는 ___ ___은 하나님 안에서만 찾을 수 있이요.

2 솔로몬은 아주 ___ ___로웠지요.

3 결코 가득 차지 않는 것

4 하나님을 떠나서는 ___ ___을 설명할 길이 없다.

5 우리에게 살아갈 이유를 주시는 분

가로 힌트

6 솔로몬이 산다는 것에 대한 자기 생각을 적어놓은 책

7 "___ ___ ___을 두려워하고 그분의 계명을 지켜라."

8 잠깐 있다가 사라진다는 뜻의 반대말

보물 상자

나만의 기록장

나의 모습이 담긴 잡지 표지를 그려 보세요. 잡지에 나의 어떤 업적이 실리면 좋을까요? 표지에 제목을 적어 꾸며 보세요.

기도

하나님, 우리에게 삶의 의미와 목적을 주셔서 감사합니다. 하나님을 떠나서는 이 세상의 아무 것도 의미가 없어요. 나의 노력도 아무 소용이 없음을 고백합니다. 하나님과 함께할 때에만 인생의 목적을 찾을 수 있다는 것을 늘 기억하게 해주세요. 예수님의 이름으로 기도합니다. 아멘.

가족과 함께해요

- 여러분이 이해하기 힘든 인생의 문제는 무엇인가요?
- 인생이 이해되지 않을 때에도 하나님이 모든 것을 다스리고 계세요. 이 사실을 알고 나니 기분이 어떤가요?
- 하나님은 우리 인생의 목적이 무엇이라고 말씀하시나요?
- 함께 읽을 말씀 : 삼하 5:11~6:23; 대상 11~12장

12 욥이 고난을 받았어요

주제 욥은 하나님이 전능하시고 주권자이시며 선하시다는 것을 배웠어요.

욥은 하나님을 사랑하고 하나님의 뜻을 따르기 원했습니다. 어느 날 사탄이 하나님 앞에 나타나 말했습니다. "욥은 하나님이 보호해주시고 복을 주시니까 하나님을 따르는 것입니다. 만약 모든 것을 빼앗아 가신다면 더 이상 하나님을 따르지 않을 것입니다."

하나님은 사탄이 욥의 모든 것을 빼앗을 수 있도록 허락하셨습니다. 하지만 욥의 몸에는 손대지 못하게 하셨습니다. 사탄은 하루 만에 욥이 자녀와 재산을 모두 잃게 만들었습니다. 그럼에도 욥은 여전히 하나님을 따랐습니다.

사탄이 또 하나님 앞에 와서 말했습니다. "욥이 병에 걸리면 더 이상 하나님을 찬양하지 않을 것입니다." 하나님은 사탄이 욥을 병에 걸리게 하도록 허락하셨습니다. 하지만 욥의 생명은 건드리지 못하게 하셨습니다. 이제 욥의 몸은 온통 종기로 뒤덮였습니다.

욥의 세 친구는 욥을 위로하기는커녕 이렇게 말했습니다. "욥, 자네가 죄를 그만 짓고 옳은 일을 행한다면, 하나님은 자네가 잃은 것들을 모두 되돌려 주실 거네." 욥이 대답했습니다. "나는 하나님께 아무 죄도 짓지 않았다네."

엘리후리는 사람이 말했습니다. "하나님은 사람보다 크시며, 잠잠히 계시지 않습니다. 하나님은 언제나 정의로우십니다."

바로 그때 하나님이 폭풍 가운데서 욥에게 말씀하셨습니다. 하나님은 욥이 하나님이 전능하시고 주권자이시며 선하시다는 것을 깨닫게 하셨습니다. 욥은 하나님의 계획을 완전히 이해하지는 못했지만 하나님을 믿고 의지했습니다. 하나님이 모든 것을 다스리시니까요. 욥은 하나님을 의심했던 일에 대해 용서를 구했습니다. 하나님은 욥이 잃었던 모든 것을 되돌려 주실 뿐 아니라 그보다 더 많이 주셨습니다.

가스펠 링크

고통받던 욥은 하나님 앞에서 자신의 상황을 대신 말해 줄 *중재자를 원했습니다. 욥의 이야기를 들으면 아무 죄도 없이 고난을 받으신 예수님이 생각납니다. 예수님은 우리의 중재자이십니다. 예수님은 우리의 죗값을 치르고 이 땅에서의 고통을 끝내기 위해 고난을 받으셨습니다. 우리가 예수님을 믿고 의지할 때 예수님은 우리를 하나님께로 이끌어 주십니다.

*중재자 : 화해시키는 사람

욥의 이야기

아래 글자판에서 숨은 단어들을 찾고,
이 단어들을 넣어 욥의 이야기를 꾸며 보세요.

숨은 단어

욥
정직
사탄
재산
종기
아내
저주
친구들
고통
폭풍
주권자
용서

사	탄	방	고	통
드	교	정	심	집
낱	용	직	절	친
아	서	말	종	구
내	리	창	기	들
아	저	주	후	종
올	대	세	구	재
주	권	자	소	산
광	후	종	철	리
욥	출	가	폭	풍

하나님은 어떤 분인가요?

오른쪽의 설명을 읽어 보고 뒤섞여 있는 글자를 바로 잡아
한 문장으로 표현해 보세요.

가장 높은 능력과 권위를 가지고 있다는 뜻.
하나님은 어떤 것보다 높은 분이시며
모든 것을 결정하고 책임지신다.

하나님은   .

옳고, 친절하고, 성실하다. 나쁘다의 반대말.
하나님은 영광을 위하여 옳은 일을 하신다.

하나님은   .

모든 능력과 권위를 무한하게 가지고 있다는 뜻.
하나님은 모든 것을 할 수 있으시다.

하나님은   .

나만의 기록장

고통의 순간이 찾아왔을 때 읽을 수 있도록 나에게 보내는 편지를 써 보세요.
미래의 내가 기억하고 힘을 낼 수 있도록 하나님의 성품들을 적어 보세요.

기도

하나님, 욥을 통하여 고난에 대해 배우게 해주셔서 감사합니다. 우리의 생각과 경험으로 아는 하나님이 아닌 하나님이 말씀하시는 하나님을 신뢰합니다. 고통이 찾아올 때에도 우리를 위해 오신 예수님을 기억하고 의지하게 도와주세요. 예수님의 이름으로 기도합니다. 아멘.

가족과 함께해요

- 어려움 속에서도 모든 일을 다스리시는 분은 누구인가요?
- 하나님이 선하시다는 것을 어떻게 알 수 있나요?
- 폭풍 속에서 말씀하시는 하나님의 말씀을 들은 욥의 기분은 어땠을까요?
- 함께 읽을 말씀 : 시 15편, 23~24편, 96편, 100편, 107편

13 하나님을 찬양해요

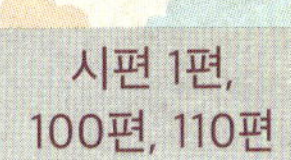

주제 사람들은 하나님이 어떤 분이신지 찬양하는 노래를 불렀어요.

시편은 수백 년 동안 많은 사람이 지은 노래들을 모아 놓은 책입니다. 하나님의 백성은 한자리에 모여 이 노래들을 부르며 하나님을 예배했습니다. 사람들은 슬플 때도 시를 썼습니다. 때로는 자신의 죄를 고백하고 하나님의 용서를 구하는 시를 쓰기도 했습니다.

시편 1편은 두 가지 삶의 모습을 보여 줍니다. 첫째는 의로운 사람, 즉 복 있는 사람이 살아가는 모습이고, 둘째는 악한 사람이 살아가는 모습입니다. 의로운 사람은 하나님의 말씀을 사랑하기 때문에 그 말씀을 밤낮으로 생각합니다. 그 사람은 시냇가에 심은 나무처럼 건강하게 자랍니다. 그러나 악한 사람은 마치 바람에 쉽게 날아가는 곡식의 껍질과 같습니다. 하나님이 악한 사람을 심판하실 때 그의 생명은 끝날 것입니다. 악한사람들은 의로운 사람들과 함께 있을 수 없습니다. 시편 100편은 감사의 노래입니다. "온 땅이여, 여호와께 기뻐 외치라. 기쁨으로 여호와를 섬기고 노래하며 그분 앞으로 나아가라. 여호와가 하나님이신 줄 알라. 감사하면서 그 문으로 들어가고 찬양하면서 그 뜰로 들어가라. 여호와는 선하시니 그 인자하심이 영원하고 주의 진리가 온 세대에 걸쳐 지속될 것이다."

시편 110편은 다윗이 쓴 시입니다. 이 시는 왕이며 제사장이신 메시아를 노래하고 있습니다. 다윗은 하나님이 왕에게 많은 땅을 주어 다스리게 하시며, 왕의 군대가 강할 것이라고 말씀하셨습니다. 다윗은 하나님이 약속을 지키시는 분이라고 고백했습니다. 하나님은 왕과 함께하시며 그를 강하게 하셔서 전투에서 이기게 하실 것입니다.

가스펠 링크

하나님은 하나님의 백성이 찬양과 감사를 드리거나 긍휼과 용서를 구하는 기도를 들으셨습니다. 하나님은 독생자 예수님을 보내심으로 하나님의 백성에게 응답하겠다는 약속을 지키셨습니다. 예수님은 우리가 하나님께 용서받고 영원한 생명을 얻을 수 있게 하셨습니다. 예수님은 우리의 가장 큰 필요를 채워 주셨습니다.

내가 좋아하는 1, 2, 3!

가장 좋아하는 가요, 가수, 찬양은 무엇인가요?
1위부터 3위까지 순위를 매겨 보세요.

TOP 3
가요

1. _______________
2. _______________
3. _______________

TOP 3
찬양

1. _______________
2. _______________
3. _______________

TOP 3
가수

1. _______________
2. _______________
3. _______________

악보를 완성해요!

우리는 왜 하나님을 믿고 의지할 수 있나요?
음표 암호를 풀어 악보를 완성해 보세요.

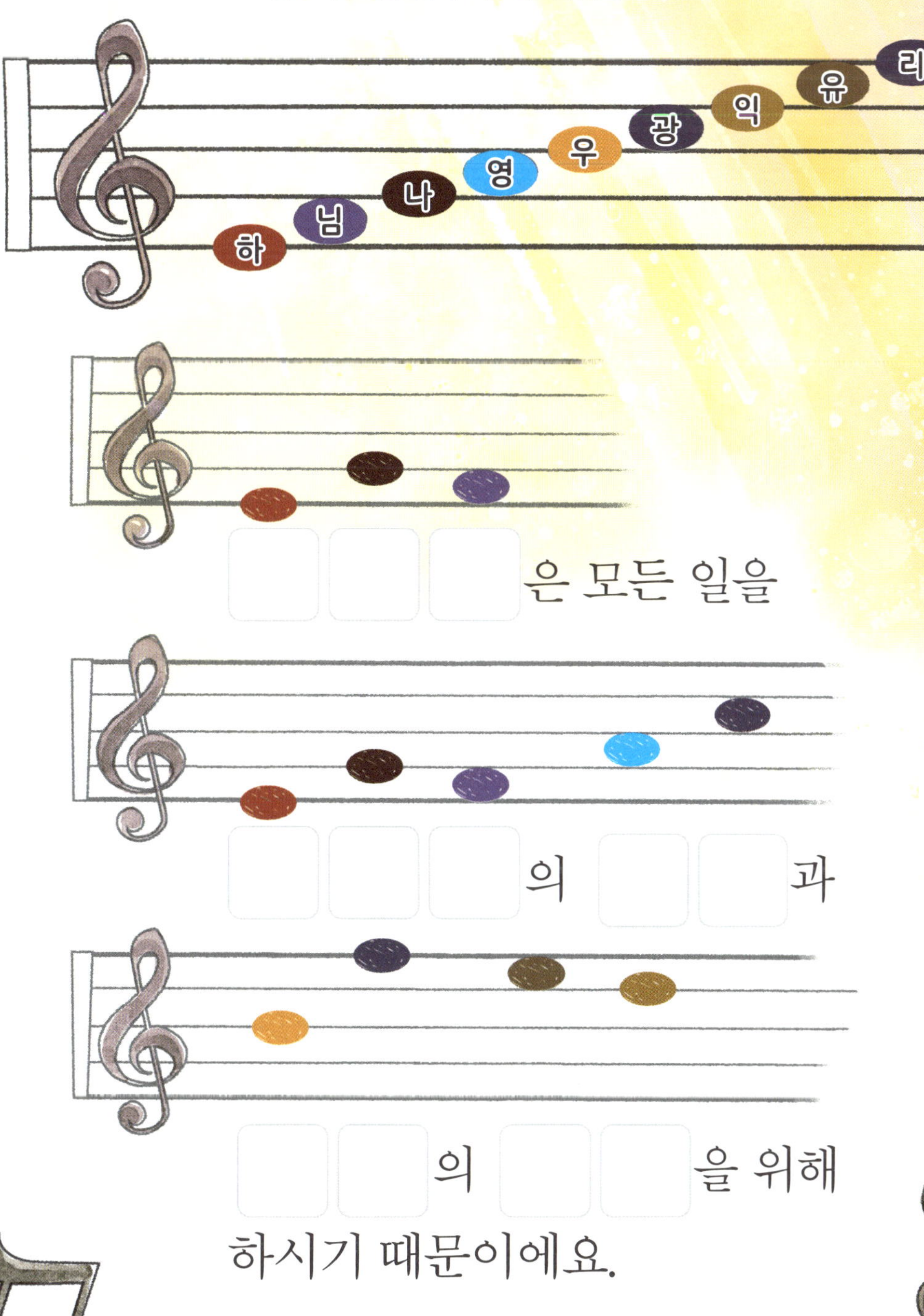

하시기 때문이에요.

나만의 기록장

시편 100편을 읽고, 나만의 감사를 시로 써 보세요.

기도
하나님, 우리에게 예수님을 보내 주시고 죄에서 구원해 주셔서 감사합니다. 또한 우리에게 말씀을 주시고 우리의 기도를 들어주셔서 감사합니다. 하나님은 우리의 힘이시며 반석이시며 구원이심을 고백합니다. 매일 하나님을 찬양하는 노래가 끊이지 않길 원합니다. 예수님의 이름으로 기도합니다. 아멘.

가족과 함께해요
- 여러분은 어떤 노래를 가장 좋아하나요? 신나는 노래인가요? 잔잔한 노래인가요?
- 하나님께 나의 마음을 표현하기 위해 노래를 불러 본 적이 있나요?
- 하나님은 왜 우리의 찬양을 듣고 싶어 하실까요?
- 함께 읽을 말씀 : 삼하 7장; 대상 18장; 시 1편

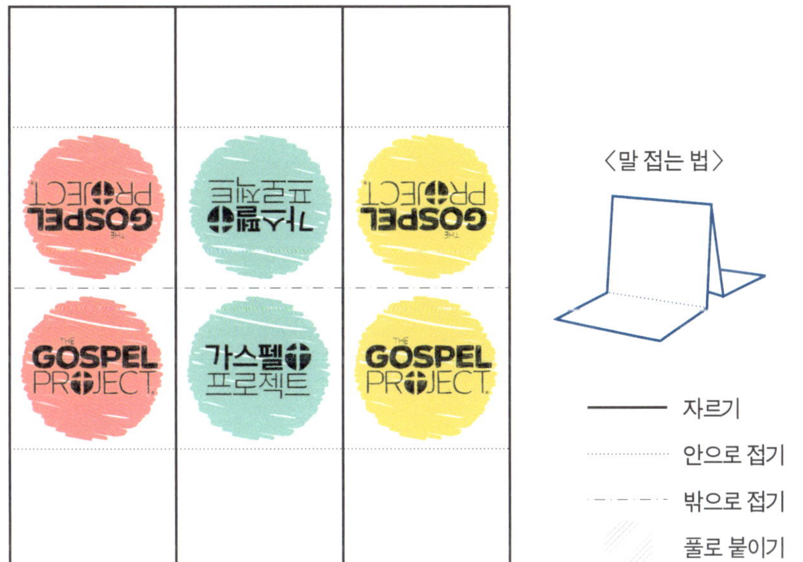

〈말 접는 법〉

——— 자르기

·········· 안으로 접기

— · — · 밖으로 접기

풀로 붙이기

풀칠 풀칠 풀칠

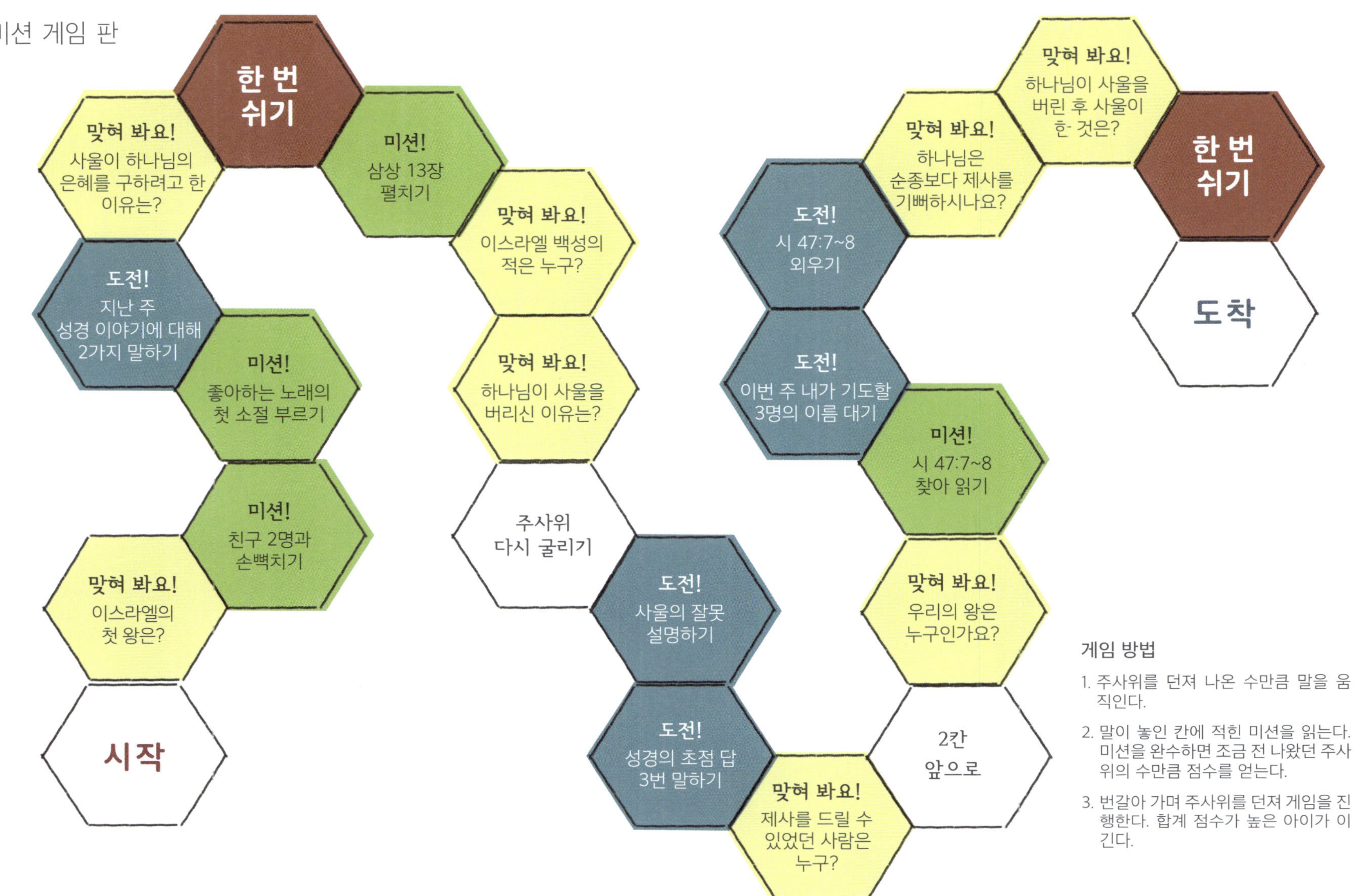

게임 방법

1. 주사위를 던져 나온 수만큼 말을 움직인다.

2. 말이 놓인 칸에 적힌 미션을 읽는다. 미션을 완수하면 조금 전 나왔던 주사위의 수만큼 점수를 얻는다.

3. 번갈아 가며 주사위를 던져 게임을 진행한다. 합계 점수가 높은 아이가 이긴다.

가스펠 프로젝트
구약
4
왕국의 성립
알콩달콩 가족 활동
메시지 카드

1단원
왕이신 하나님

1. 이스라엘이 왕을 달라고 했어요
삼상 8~10장

2. 하나님이 사울을 버리셨어요
삼상 13:1~14, 15:1~35

3. 다윗이 골리앗과 맞섰어요
삼상 16~17장

4. 다윗과 요나단이 친구가 되었어요
삼상 18:1~12, 19:1~10, 20:1~42

1. 이스라엘이 왕을 달라고 했어요

주제 하나님이 사울을 이스라엘의 첫 번째 왕으로 세우셨어요.

가스펠 링크 이스라엘은 하나님이 친히 다스리시는 하나님의 백성이었지만 그들은 하나님의 다스리심을 온전히 신뢰하지 않았어요. 그래서 하나님은 사울을 왕으로 세우셨어요. 하나님은 언젠가 독생자 예수님을 보내서서 온 세상을 다스리게 할 계획을 갖고 계셨어요. 예수님은 이 세상에 평화와 구원을 가져다줄 완벽한 왕이세요.

성경의 초점 우리의 왕은 누구인가요?
예수님이 우리의 영원한 왕이세요. 예수님은 온 세상을 다스리세요.

암송 시 47:7~8

1단원 암송

하나님은 온 땅의 왕이심이라
지혜의 시로 찬송할지어다
하나님이 뭇 백성을 다스리시며
하나님이 그의 거룩한 보좌에
앉으셨도다
시 47:7~8

부모님께 : 메시지 카드에는 아이들이 배운 성경 이야기를 되새기며 삶에 적용할 수 있는 가족 활동이 담겨 있습니다. 그림을 보며 성경 이야기를 회상하고 성경 본문을 찾아 함께 읽으며 가족의 묵상을 나누어 보세요. 카드의 그림은 성경의 흐름을 기억할 수 있는 단서가 될 것입니다.

구약4 "왕국의 성립"에 담긴 가스펠

하나님이 친히 다스리시는 이스라엘이 왕을 요구하자, 하나님은 그들에게 왕을 세워 주셨습니다. 하지만 사울, 다윗, 솔로몬 그 어느 왕도 하나님의 백성을 제대로 다스리지 못하고 결국 이스라엘은 두 나라로 나뉘었습니다. 이는 우리로 하여금 하나님의 백성을 완벽하게 다스리시는 완전한 왕, 예수님을 바라보게 합니다.

삶에 대한 고민, 고난에 대한 답을 찾는 솔로몬과 욥은 하나님 안에서 그 해답을 발견했습니다. 예수님은 우리가 이해할 수 없는 혼란의 시간 속에서도 하나님을 찬양할 이유가 되십니다.

---

4. 다윗과 요나단이 친구가 되었어요

주제 하나님이 요나단을 통해 다윗의 목숨을 구하셨어요.

가스펠 링크 다윗과 요나단은 진정한 친구였어요. 다윗과 요나단의 우정을 통해 우리의 친구가 되신 예수님을 생각하게 되어요. 예수님은 우리를 친구라고 부르셨어요(요15:15). 그리고 우리를 죄에서 구원하기 위해 죽으심으로 우리를 향한 사랑을 보여 주셨어요.

성경의 초점 우리의 왕은 누구인가요?
예수님이 우리의 영원한 왕이세요. 예수님은 온 세상을 다스리세요.

암송 시 47:7~8

---

3. 다윗이 골리앗과 맞섰어요

주제 하나님이 다윗에게 골리앗을 이길 힘을 주셨어요.

가스펠 링크 다윗은 체구가 크거나 힘이 센 장수가 아니었지만 하나님을 믿고 의지했어요. 하나님은 다윗에게 힘을 주셨지요. 하나님이 예수님을 이 땅에 보내셨을 때, 예수님도 강한 장수처럼 보이지 않았어요. 하지만 예수님은 십자가에서 죽으시고 부활하셔서 죄인들을 구원할 능력을 보여 주셨어요.

성경의 초점 우리의 왕은 누구인가요?
예수님이 우리의 영원한 왕이세요. 예수님은 온 세상을 다스리세요.

암송 시 47:7~8

---

2. 하나님이 사울을 버리셨어요

주제 하나님이 사울의 죄 때문에 그를 왕의 자리에서 쫓아내셨어요.

가스펠 링크 사울은 오직 제사장만이 드릴 수 있는 제사를 직접 드리는 죄를 지었어요. 하나님은 사울을 왕의 자리에서 쫓아내셨어요. 하나님은 예수님을 이 세상의 왕으로 보내셨고, 왕이신 예수님은 죄인들이 용서받고 하나님께 나아갈 수 있도록 자신의 생명을 바쳐 완전한 제사를 드리셨어요.

성경의 초점 우리의 왕은 누구인가요?
예수님이 우리의 영원한 왕이세요. 예수님은 온 세상을 다스리세요.

암송 시 47:7~8

2단원
지혜의 하나님

5. 하나님이 다윗과 언약을 맺으셨어요
삼하 7장

6. 다윗이 하나님께 죄를 지었어요
삼하 11:1~12:14; 시 51편

7. 솔로몬이 지혜를 구했어요
왕상 2:1~4, 2:10~12, 3:1~15

8. 지혜는 하나님께로부터 와요
잠 1:1~7, 3:1~12, 4:10~19

9. 솔로몬이 성전을 지었어요
왕상 6~8장

2단원 암송

대저 여호와는 지혜를 주시며
지식과 명철을 그 입에서 내심이며
그는 정직한 자를 위하여
완전한 지혜를 예비하시며
행실이 온전한 자에게 방패가 되시나니
잠 2:6~7

6. 다윗이 하나님께 죄를 지었어요

주제 다윗이 죄를 회개하자 하나님이 용서하셨어요.

가스펠 링크 하나님은 죄를 지은 다윗을 용서하셨어요. 하지만 죄에는 언제나 대가가 따르지요. 하나님은 다윗의 목숨은 살려 주셨지만 그의 아들은 죽게 하셨어요. 우리가 예수님을 믿고 회개하면 우리의 죄도 하나님께 용서받을 수 있어요. 예수님이 십자가에서 죽으심으로 우리의 죗값을 대신 치르셨기 때문이에요. 예수님은 우리와 하나님의 관계를 회복시키기 위해 우리 대신 죽으셨어요.

성경의 초점 우리의 왕은 누구인가요?
예수님이 우리의 영원한 왕이세요. 예수님은 온 세상을 다스리세요.

암송 시 47:7~8

5. 하나님이 다윗과 언약을 맺으셨어요

주제 하나님은 예수님이 다윗의 자손으로 오실 것이라고 약속하셨어요.

가스펠 링크 하나님은 다윗에게 이스라엘의 모든 왕이 그의 자손 중에서 나올 것이며, 그의 나라가 영원할 것이라고 약속하셨어요. 하나님은 구원자 예수님을 다윗의 자손으로 보내심으로 약속을 지키셨어요. 예수님은 하나님의 백성을 영원히 다스리시는 우리의 왕이세요.

성경의 초점 우리의 왕은 누구인가요?
예수님이 우리의 영원한 왕이세요. 예수님은 온 세상을 다스리세요.

암송 시 47:7~8

9. 솔로몬이 성전을 지었어요

주제 하나님은 하나님의 백성 가운데 거하실 성전을 짓게 하셨어요.

가스펠 링크 하나님은 거룩하시기 때문에 오직 제사장들만이 특별한 절차를 거쳐 그분 앞에 나아갈 수 있었어요. 평범한 사람은 절대로 거룩하신 하나님 앞에 직접 나아갈 수 없었어요. 그러나 예수님이 이 모든 것을 바꾸셨어요. 예수님은 십자가에서 죽으심으로 우리의 죄를 다 없애 주셨어요. 이제 예수님을 믿고 의지하기만 하면, 누구나 하나님께 스스럼없이 나아갈 수 있게 되었어요.

성경의 초점 지혜는 어디서 오나요?
지혜는 하나님께로부터, 하나님의 말씀을 통해서 와요.

암송 잠 2:6~7

8. 지혜는 하나님께로부터 와요

주제 지혜로운 사람은 하나님을 두려워하고 하나님의 말씀에 순종해요.

가스펠 링크 지혜는 하나님께로부터 와요. 세상을 만드신 하나님이 이 세상이 어떻게 운영되어야 하는지 가장 잘 아세요. 사람은 누구나 태어날 때부터 어리석은 죄인이에요. 그러나 하나님은 자기 아들을 이 땅에 보내 우리를 구원하셨어요. 성경은 예수님이 하나님의 지혜라고 말해요. 예수님은 우리를 지혜롭고 거룩하게 만드세요. 그리고 우리를 죄에서 해방하셨어요(고전 1:24, 30).

성경의 초점 지혜는 어디서 오나요?
지혜는 하나님께로부터, 하나님의 말씀을 통해서 와요.

암송 잠 2:6~7

7. 솔로몬이 지혜를 구했어요

주제 하나님이 솔로몬에게 하나님의 백성을 이끌 지혜를 주셨어요.

가스펠 링크 솔로몬은 하나님의 계획을 따르고자 하는 지혜로운 왕이었어요. 하나님은 하나님의 백성에게 솔로몬과는 비교할 수 없이 위대하고 지혜로운 왕을 주실 계획을 갖고 계셨어요. 바로 하나님의 아들이신 예수님이에요. 예수님은 자기 생명을 맡길 정도로 하나님을 완전히 신뢰하셨어요. 예수님은 우리를 위해 십자가에서 죽으심으로 자기 생명을 내어 주셨어요.

성경의 초점 지혜는 어디서 오나요?
지혜는 하나님께로부터, 하나님의 말씀을 통해서 와요.

암송 잠 2:6~7

3단원
주권자이신 하나님

10. 이스라엘이 둘로 나뉘었어요

왕상 11~12장

11. 솔로몬이 산다는 것에 대해 생각했어요

전 1:1~11

12. 욥이 고난을 받았어요

욥 1~42장

13. 하나님을 찬양해요

시 1편, 100편, 110편

둘러보기

- **주제** : 각 과의 핵심 줄거리를 파악할 수 있습니다.

- **가스펠 링크** : 성경 이야기에 담긴 복음을 발견하게 합니다. 모든 성경 이야기는 그리스도와 연결됩니다.

- **성경의 초점** : 본문과 관련된 성경의 중심 주제를 문답의 형식으로 정리한 문장입니다. 단원의 성경의 초점을 익히며 성경의 흐름을 이해하게 합니다.

- **암송** : 단원의 핵심 메시지가 담긴 성경 구절입니다.

11. 솔로몬이 산다는 것에 대해 생각했어요

주제 살아가는 목적은 하나님 안에서만 찾을 수 있어요.

가스펠 링크 하나님을 떠나서는 인생을 설명할 방법이 없어요. 하나님은 모든 것을 창조하셨고, 각 사람에게 목적을 주셨어요. 예수님만이 우리가 하나님의 뜻대로 살게 해주세요. 예수님은 우리가 하나님을 위해 살고, 풍성하고 의미 있는 삶을 살게 하려고 이 땅에 오셨어요(요10:10 참조).

성경의 초점 우리는 왜 하나님만 믿고 의지할 수 있나요? 하나님은 모든 일을 하나님의 영광과 우리의 유익을 위해 하시기 때문이에요.

암송 시 100:5

3단원 암송

여호와는 선하시니
그의 인자하심이 영원하고
그의 성실하심이
대대에 이르리로다
시 100:5

---

10. 이스라엘이 둘로 나뉘었어요

주제 하나님이 솔로몬의 죄 때문에 이스라엘을 두 나라로 나누셨어요.

가스펠 링크 하나님의 백성을 완벽하게 바른길로 이끈 왕은 없었어요. 지혜를 구했던 솔로몬도 죄를 지었고, 그의 죄 때문에 이스라엘은 두 나라로 나뉘었어요. 하나님의 백성에게는 완전한 왕이 필요했어요. 하나님은 예수님을 다윗의 자손으로 보내 하나님의 백성을 위한 완전하고 영원한 왕으로 세울 계획을 갖고 계셨어요. 예수님은 하나님의 백성을 불러 모아 다시 하나님께로 인도하실 거예요.

성경의 초점 지혜는 어디서 오나요? 지혜는 하나님께로부터, 하나님의 말씀을 통해서 와요.

암송 잠 2:6~7

---

13. 하나님을 찬양해요

주제 사람들은 하나님이 어떤 분이신지 찬양하는 노래를 불렀어요.

가스펠 링크 하나님은 하나님의 백성이 찬양과 감사를 드리거나 긍휼과 용서를 구하는 기도를 들으셨어요. 하나님은 독생자 예수님을 보내심으로 하나님의 백성에게 응답하겠다는 약속을 지키셨어요. 예수님은 우리가 하나님께 용서받고 영원한 생명을 얻을 수 있게 하셨어요. 예수님은 우리의 가장 큰 필요를 채워 주셨어요.

성경의 초점 우리는 왜 하나님만 믿고 의지할 수 있나요? 하나님은 모든 일을 하나님의 영광과 우리의 유익을 위해 하시기 때문이에요.

암송 시 100:5

---

12. 욥이 고난을 받았어요

주제 욥은 하나님이 전능하시고 주권자이시며 선하시다는 것을 배웠어요.

가스펠 링크 고통받던 욥은 하나님 앞에서 자신의 입장을 대신 말해 줄 중재자를 원했어요. 욥의 이야기를 들으면 아무 죄도 없이 고난을 받으신 예수님이 생각나요. 예수님은 우리의 중재자세요. 예수님은 우리의 죗값을 치르고 이 땅의 고통을 끝내기 위해 고난을 받으셨어요. 우리가 예수님을 믿고 의지할 때 예수님은 우리를 하나님께로 이끌어 주세요.

성경의 초점 우리는 왜 하나님만 믿고 의지할 수 있나요? 하나님은 모든 일을 하나님의 영광과 우리의 유익을 위해 하시기 때문이에요.

암송 시 100:5